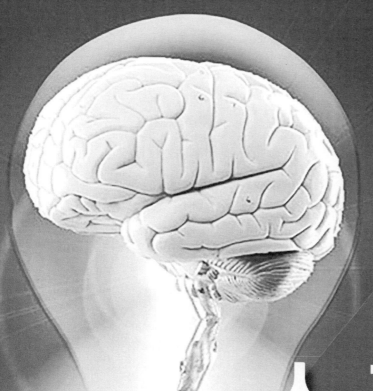

전정판

스포츠
심리학

강지현, 박은식, 배영훈, 서연희,
이상호, 정난희, 하준호, 한성유 저

대경북스

저|자|소|개

강 지 현

경희대학교 일반대학원 체육학박사
현 수원여자대학교 레저스포츠과 교수

박 은 식

New York University 석사(Therapeutic Recreation)
현 공주국립대학교 생활체육지도학과

배 영 훈

경성대학교 이학박사
현 동의과학대학교 사회체육과 교수

서 연 희

전주대학교 체육학과 체육학박사
현 우석대학교 체육학과 교수

이 상 호

용인대학교 대학원 체육학박사
현 강남대학교 사회체육과 교수

정 난 희

대구가톨릭대학교 대학원 박사
현 구미대학교 스포츠건강관리과 교수

하 준 호

계명대학교 대학원 체육학박사
현 계명문화대학교 생활체육학부 교수

한 성 유

부산대학교 대학원 체육학과 이학박사
현 동주대학교 스포츠재활과 교수

스포츠심리학

초판발행   2019년 9월 6일
초판3쇄   2024년 3월 5일
발 행 인   김영대
발 행 처   대경북스
ISBN   978-89-5676-794-9

dcb
대경북스

등록번호 제 1-1003호
서울시 강동구 천중로42길 45 2F · 전화 : 02) 485-1988, 485-2586~87
팩스 : 02) 485-1488 · e-mail: dkbooks@chol.com · http://www.dkbooks.co.kr

머리말

심리학(心理學, psychology)은 인간의 행동과 행동에 영향을 미치는 여러 가지 변인들을 연구하는 학문으로 정의할 수 있다. 따라서 스포츠심리학은 '스포츠라는 특수한 경쟁적 상황에서 나타나는 인간의 행동(운동 행동)과 그것에 영향을 미치는 여러 가지 변인들을 연구하는 학문'이라고 할 수 있다.

스포츠심리학은 심리학의 한 하위 학문 영역으로 심리학과 연구방법이나 내용에 관한 정보를 상호 교환하고 있다. 또한 스포츠에서 경기력 향상을 목적으로 하는 스포츠과학의 한 영역으로 인정받고 있다.

스포츠심리학이 연구대상으로 하고 있는 운동 행동이 동작의 파워, 타이밍, 정교함이나 섬세함의 요구 등과 같은 일반 행동과는 다른 특성을 지니고 있고, 스포츠라는 경쟁적 상황에서 이루어진다는 특수성이 있기 때문에 독자적인 학문 영역이다.

스포츠심리학에서 연구하는 영역을 좀 더 세분하면 운동의 제어, 운동의 발달, 운동학습, 스포츠심리, 건강운동심리 등으로 나눌 수 있는데, 이중 스포츠심리와 건강운동심리만을 연구대상으로 하면 좁은 의미의 스포츠심리학이라 하고, 위 다섯 가지 영역 모두를 연구대상으로 하면 넓은 의미의 스포츠심리학이라고 한다. 우리가 아무런 단서없이 스포츠심리학이라고 하면 좁은 의미의 스포츠심리학을 의미한다.

이 책은 스포츠지도사 시험을 준비하거나 체육학을 전공하는 학생들이 스포츠심리학의 전반적인 내용을 비교적 짧은 시간에 이해할 수 있도록 하기 위하여 집필되었으며, 스포츠심리학의 주요 영역을 빠짐없이 다루면서도 최대한 간략하고 이해하기 쉽게 설명하기 위해 노력했다.

　아무쪼록 체육 전공자들이 원하는 학문적 성취를 이루고 현장에서 활동하는 데 이 책이 디딤돌 역할을 할 수 있기를 기대해 본다.

2019년 5월

저 자 씀

차 례

제3장 스포츠수행의 심리적 요인

제 4 장 스포츠수행의 사회 심리적 요인

11

제5장 건강·운동심리학

13

제 6 장 스포츠심리 상담

제1장

스포츠심리학의 개관

01 스포츠심리학의 정의 및 의미

　　심리학(心理學, psychology)은 인간의 행동과 행동에 영향을 미치는 여러 가지 변인들을 연구하는 학문으로 정의할 수 있다. 따라서 스포츠심리학은 '스포츠라는 특수한 경쟁적 상황에서 나타나는 인간의 행동(운동 행동)'과 '그것에 영향을 미치는 여러 가지 변인들을 연구'하는 학문이라고 할 수 있다.

　　1980년대 이전에는 운동학습, 운동발달, 운동제어와 같은 자연과학적인 성격이 강한 분야, 스포츠심리 또는 운동심리와 같이 사회과학적인 성격이 강한 분야를 모두 포함하는 넓은 의미로 스포츠심리학을 보는 견해가 우세하였다.

　　그러나 19080년대 이후부터는 운동학습, 운동발달, 운동제어를 하나로 묶어서 운동행동학(motor behavior)이라 부르고, 여러 가지 심리학적인 요인들이 스포츠 또는 운동에 미치는 영향만을 연구하는 분야를 스포츠 · 운동심리학(psychology of sport and execise)이라고 부르기 시작하였다.

　　전자를 광의의 스포츠심리학, 후자를 협의의 스포츠심리학으로 구분하지만, 광의이든 협의이든 관계없이 스포츠심리학이 스포츠과학의 한 분야임에는 틀림이 없다.

　　우리나라 각 대학의 체육학과 교육과정을 보면 대부분 협의의 스포츠심리학적인 관점에서 구성되어 있다. 그러나 국제스포츠심리학회(ISSP)는 광의의 스포츠심리학적인 관점을 취하고 있다.

　　예를 들어 올림픽대회에 앞서서 개최되는 국제스포츠심리학 학술대회의 분과별 주제를 살펴보면 운동행동학과 스포츠 · 운동심리학적인 주제가 모두 포함되어 있다.

스포츠심리학이 연구대상으로 하고 있는 운동행동이 동작의 파워, 타이밍, 정교함이나 섬세함의 요구 등과 같은 일반행동과는 다른 특성을 지니고 있고, 스포츠라는 경쟁적 상황에서 이루어진다는 특수성이 있기 때문에 스포츠심리학이 독자적인 학문영역을 가지고 있다고 할 수 있다.

스포츠심리학은 다음과 같은 두 가지 목적을 가지고 있다.

❖ 다양한 심리적 변인이 개인의 운동 참가와 수행에 미치는 영향의 이해
❖ 스포츠와 운동 참여가 개인의 다양한 심리적 발달 및 정신적 건강에 미치는 영향의 규명

학자에 따라서 스포츠심리학을 약간씩 다르게 정의하고 있으므로 몇 가지만 소개하기로 한다.

❖ 운동경기 또는 스포츠상황에서 응용하는 심리학의 한 분야이다.
❖ 인간행동에 대한 스포츠의 효과를 연구하는 학문이다.
❖ 스포츠상황에서 인간의 행동에 관한 의문점을 해결하려고 하는 스포츠과학의 한 분야이다.
❖ 선수의 경기력 향상에 중점을 두는 심리학의 하위 영역이다.

위의 정의들을 종합하면 스포츠심리학은 "스포츠상황에서 인간의 행동을 연구하는 학문이다."라고 말할 수 있다. 스포츠심리학은 발전 초기에는 일반 심리학의 하위 분야로 인식되면서 일반심리학 이론과 연구방법을 많이 모방하였으나 현재에는 체육학의 한 분야로 인식되고 있다.

자연히 일반심리학과는 별개의 새로운 학문체계로 발전하여 나가고 있는 추세이다.

02 스포츠심리학의 역사

오늘날 스포츠심리학은 18세기 말 또는 19세기 초에 운동행동, 사회적 촉진, 습관형성 등에 대한 연구를 하면서 시작되었다.

스포츠심리학의 역사는 다음과 같이 5개의 시대로 구분한다.

❶ 태동기(1895~1920)

미국의 심리학자 트리플렛(Norman Triplette)이 1898년에 미국의 심리학회지에 "경쟁자 또는 페이스메이커가 있을 때 사이클 선수들이 더 빨리 달린다."는 논문을 발표하였는데, 그 논문이 최초의 스포츠심리학 논문으로 간주된다.

그 후 뚜렷한 연구가 없었고, 다만 체육교사들이 스포츠와 관련된 여러 가지 현상들을 심리학적으로 설명하려는 노력만 이어져 왔다. 1920년에는 슐태(Schulte)가 독일 체육대학을 설립하였다.

❷ 그리피드 시대(1921~1938)

1930년에는 모스크바와 레닌그라드 대학에 스포츠심리학과가 개설되면서 스포츠심리학이 관심을 끌기 시작하였다. 소련과 동유럽 그리고 중국과 일본을 중심으로 스포츠심리학에 관한 연구가 이루어졌지만, 체계적인 연구는 되지 못하였다.

그리피드(Coleman Roberts Griffith)는 미국의 일리노이 대학에 스포츠심리학 실험실을 개설하고, 시각(sight vision), 주의집중, 반응시간, 근육의 긴장과 이완, 각성상태 등에 대한 연구를 진행하였다. 그는 『코칭의 심리학』과 『선수의 심리학』이라는 책도 발간하였고, 1923년에는 일리노이 대학에서 '선수의 심리학'이라는 강좌를 개설하여 가르치기 시작하였다. 그래서 그리피드를 스포츠심리학의 아버지라고 한다.

그리피드의 연구가 스포츠심리학 발전에 크게 공헌하였지만, 1932년에 자금 부족으로 실험실이 문을 닫게 되면서부터 스포츠심리학 연구를 그만두었다. 그는 1938년에 시카고의 프로야구팀에서 '스포츠심리 상담사' 역할을 맡으면서 다시 스포츠심리학계로 돌아왔지만, 더 이상의 연구는 하지 않았다. 결과적으로 제자들 중에도 스포츠심리학을 연구한 사람이 단 한 사람도 없었기 때문에 그를 사도 없는 선지자라고 부르기도 한다.

❸ 준비기(1939~1965)

버클리 대학의 헨리(Franklin M. Henry)는 1938년부터 여러 가지 스포츠심리학적 변인들이 선수들의 운동수행 능력에 미치는 영향을 연구하기 시작하였다. 그가 1964년에 "체육 : 하나의 학문, Physical Education : A Discipline"이라는 논문을 발표하였는데, 그 논문을 계기로 스포츠심리학뿐만 아니라 체육이 하나의 학문으로 인정받게 되었다.

④ 학문적 발달기(1966~1977)

헨리의 논문으로 체육이 교육적인 수단이 아니라 하나의 학문으로 자리매김한 이후부터 스포츠심리학자들은 성격 · 불안 · 자기존중감 등과 같은 심리적 요인들이 스포츠 수행에 미치는 영향과 스포츠활동에 참여하면 개인의 성격에 어떤 영향을 미치는지를 연구하기 시작하였다.

1965년에는 로마에서 제1회 세계스포츠심리학회(International Society of Sport Psychology)가 열렸고, 그 후 지역별 또는 국가별 스포츠심리학회가 설립되기 시작하였다. 세계스포츠심리학회에서는 『세계스포츠심리학회지(International Journal of Sport Psychology)』를 발간하여 오다가 2003년부터는 『세계스포츠운동심리학회지(International Journal of Sport and Excercise Psychology)』로 이름을 바꾸어서 발간하고 있다.

⑤ 현재의 스포츠심리학(1978~)

스포츠심리학은 학문적 발달기 동안에 수많은 학자들이 연구를 하면서 눈부시게 발달하여 왔다. 그런데 1979년에 마텐스(Martens)는 실험실에서 연구한 스포츠심리학 지식을 경기현장에 적용하는 데에는 한계가 있다는 주장과 함께 인터뷰 등 현장연구를 중시해야 된다고 하였다. 그 영향을 받아서 1985년에 응용스포츠심리학발전협의회가 결성되었으며, 그 후 2007년에 응용스포츠심리학회가 정식으로 발족되었다.

현재에는 스포츠심리학을 현장에 적용해서 선수들의 경기력 향상을 도모하려고 하는 경향이 스포츠심리학이 대세를 이루고 있다. 그 대표적인 예로 각국 올림픽위원회나 월드컵대표팀에 스포츠심리 상담사를 두고 선수들의 경기력을 극대화하려고 노력하는 것을 들 수 있다.

❻ 우리나라의 스포츠심리학

우리나라에서 개최된 '86아시안게임과 '88서울올림픽대회를 계기로 대한민국의 스포츠과학이 크게 발전하였다. 그 대표적인 예가 1989년에 한국체육학회의 분과학회로 한국스포츠심리학회가 설립된 것이다.

2002년부터는 한국스포츠심리학회에서 발간하는 학술지가 한국 연구재단에 등재된 학술지로 인정받기 시작하였다.

현재 한국스포츠심리학회에서는 스포츠심리상담사 자격증을 취득과정을 운영하고 있는데, 스포츠심리상담사의 역할을 간추리면 다음과 같다.

❖ 운동선수와 스포츠참가자의 심리적문제의 원인을 파악하고 해결방안을 마련한다.

❖ 운동과 스포츠수행능력 향상을 위한 교육과 상담을 실시하고, 심리기술훈련의 설계와 실천을 돕는다.

❖ 훈련 및 경기분석을 통해 훈련효과를 높이는 방안을 조언하며, 운동선수의 부모 및 지도자를 교육한다.

❖ 위기상황에 대해 중재한다.

03 스포츠심리학의 영역과 역할

스포츠심리학에서 연구하는 영역을 좀 더 세분하면 다음과 같다.

❖ **운동의 제어**……인간은 어떻게 해서 운동을 일으키고, 어떻게 해서 운동을 통제하는가?

❖ **운동의 발달**……인간이 태어나서 늙어 죽을 때까지 운동능력은 어떻게 발달하고 어떻게 쇠퇴하는가?

❖ **운동학습**……인간은 간단한 동작에서 복잡하고 섬세한 기술까지 어떻게 배우고, 어떻게 숙달시키는가?

❖ **스포츠심리**……스포츠 상황에서 인간이 하는 행동의 심리적인 원인은 무엇인가? 또 스포츠가 심리적으로 어떤 효과를 미치는가?

❖ **건강운동심리**……인간은 왜 운동에 참여하고, 지속하고, 그만 두는가? 또 운동의 효과는 무엇인가?

위에서 설명한 5가지 연구영역 중에서 네 번째와 다섯 번째를 연구대상으로 하면 좁은 의미의 스포츠심리학이라 하고, 다섯 가지 모두를 연구대상으로 하면 넓은 의미의 스포츠심리학이라고 한다. 우리가 아무런 단서없이 스포츠심리학이라고 하면 좁은 의미의 스포츠심리학을 의미한다.

좁은 의미의 스포츠심리학을 구체적으로 설명하면 "스포츠 장면에서 나타나는 인간의 스포츠 행동을 이해하고 예언하는 연구영역으로서 스포츠의 목적을 달성하는 데 효과적인 방법의 원리와 기술을 제공하려는 학문이다."

좁은 의미의 스포츠심리학의 연구분야는 다음과 같다.

❖ 성격, 동기, 불안 등 개인적인 심리적 요인이 스포츠 행동에 어떤 영

향을 미치는가?

❖ 집단응집력, 리더십, 사회적 촉진 등 개인을 둘러싸고 있는 사회적
  요인이 스포츠 행동에 어떤 영향을 미치는가?

❖ 스포츠나 운동이 개인의 심리적 기능에 어떤 영향을 미치는가?

❖ 스포츠나 운동이 개인의 사회적 요인에 어떤 영향을 미치는가?

❖ 선수들의 경기력을 극대화시킬 수 있는 방법은 무엇인가?

제2장

인간의 운동행동의 이해

01 운동제어

❶ 운동제어의 개념 ··

인간이 어떤 운동 또는 움직임을 한다고 했을 때, 그 움직임이 저절로 아무렇게나 이루어진다고 생각하는 사람은 없을 것이다. 분명히 어떤 목적이 있고, 그 목적을 달성하기 위해서 의식적 또는 반자동적으로 컨트롤(제어)해서 움직임이 이루어진다. 이때 어떤 원리 또는 어떤 메커니즘(기전, 기제)에 의해서 인간의 운동이 제어되는지를 알아내려고 하는 것이 운동제어 연구이다.

운동제어를 연구하는 학자들이 문제를 해결하기 위해서 접근하는 방법에는 크게 두 가지 이론이 있다. 하나는 정보처리 이론이고, 다른 하나는 생태학적 이론이다.

■ 정보처리 이론

정보처리 이론에서는 인간의 행동이 일어나는 것을 컴퓨터에 무엇인가 정보를 입력해서 필요한 결과물을 출력하는 것과 비슷하게 생각하는데, 그것은 다음과 같다.

❖ 마우스나 키보드를 이용해서 정보를 컴퓨터에 입력시키는 과정과 눈이나 귀 등으로부터 대뇌에 정보가 입력되는 것이 거의 똑같은 과정이라는 것이다.

❖ 들어온 정보를 컴퓨터의 중앙처리장치(CPU : central processing unit)에서 분석하고 통합해서 처리하는 것과 대뇌에서 감각기관을

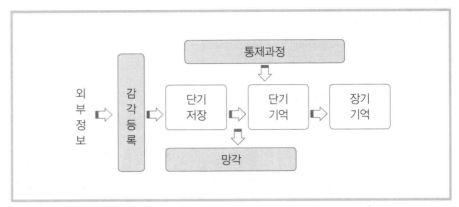

▶ 그림 2-1 정보처리 이론

      통해서 들어온 정보를 분석하고 통합해서 어떤 반응을 보일지 결정하는 것이 똑같은 과정이라고 본다.

❖ 컴퓨터는 CPU에서 결정한 것을 프린터나 모니터 같은 출력장치로 보내서 눈으로 보거나 귀로 들을 수 있도록 하고, 인간은 결정된 반응을 얼굴이나 손발에 있는 근육으로 보내서 말 · 표정 · 행동을 하게 한다는 것이다.

❖ 모니터나 프린터를 통해서 출력된 결과를 보고 잘못 되었으면 수정하기 위해서 정보를 다시 입력하듯이, 인간도 자신이 보인 반응행동이 잘못 되었는지 잘 되었는지를 각종 감각기관(눈, 귀, 입, 코, 살갗, 근육 등등)을 통해서 감시하는 것을 피드백(feedback)이라 하고, 피드백을 통해서 잘못된 것은 수정하게 한다.

■ 생태학적 이론

인간의 행동을 단순한 컴퓨터와 비교하는 것은 말도 안 된다. 인간은 살아 있는 생물이기 때문에 한 번 했던 행동은 기억하는데, 그 기억 위에 새로운 경험이 점차적으로 쌓여간다는 것을 생태학적 이론이라고 한다.

정보처리 이론에서 말하는 움직임과 구분하기 위해서 생태학적 이론에서는 행동이라 한다. 또, 정보처리 이론을 운동적(움직임적) 접근방법이라 하고, 생태학적 이론을 행동적 접근방법이라고 한다.

생태학적 이론에서는 어떤 행동을 할 때 여러 개의 근육과 뼈가 서로 균형을 맞추면서 조직적으로 움직여야 자신이 원하는 행동이 이루어진다고 하는데, 그렇게 하기 위해서 하나하나의 근육이나 뼈에 일일이 명령을 내리는 것이 아니라 중요한 한두 가지 변수만 바꾸면 된다고 한다.

■ 운동프로그램 이론

정보처리 이론을 약간 수정한 것이 운동프로그램 이론이다. 피아니스트가 빠른 속도로 어떤 곡을 연주한다고 할 때, 건반 하나를 눌러서 음을 들어보고 피드백에 의해서 수정한다고 하면 어떻게 음악을 연주할 수 있겠는가 하는 문제가 생긴다. 그래서 생각해낸 것이 피아니스트가 건반을 치는 것은 피드백이 없어도 대뇌에 이미 운동프로그램으로 저장되어 있기 때문에 그 프로그램에 따라 자동적으로 연주한다는 것이다.

정보처리 이론대로 한다면 운동→피드백→수정(제어)→운동→피드백→수정과 같이 계속해서 회로가 빙빙 돌아가야 하기 때문에 폐쇄회로(닫힌회로) 제어라고 한다. 그러나 운동프로그램 이론대로 한다면 대뇌가 일방적으로 운동명령을 내리고 근육과 뼈대는 그대로 움직이기만 하면 된다. 즉 운동명령→실행, 운동명령→실행만 반복하면 되기 때문에 개방회로(열린회로) 제어라고 한다.

위의 3가지 이론 중 어느 하나가 옳다고 할 수는 없다. 3가지 이론이 협동적으로 적용되어 운동제어가 이루어져야 인간의 운동을 설명할 수 있다.

■ 스키마이론

스키마이론은 생태학적 이론의 하나이다. 스키마(shema)는 우리말로 한마디로 번역할만한 적당한 용어가 없기 때문에 여기에서는 원어를 그대로 사용한다.

과거의 경험이나 반응에 의해서 만들어진 생물체의 지식 또는 반응체계를 스키마라고 한다. 예를 들어 내가 다른 사람을 대하는 태도나 방법이 상대에 따라 모두 다른 것은 상대와 있었던 과거의 경험이나 반응이 쌓여서 그 사람에 대한 스키마가 형성되었기 때문이고, 상대를 다시 만나서 이야기도 하고 새로운 경험도 하면 그 사람에 대한 스키마가 점차적으로 변한다.

그러므로 사람의 행동은 그 사람이 가지고 있는 사물, 사람, 자연, 문화, 정치 등에 대한 스키마에 의해서 좌우되고, 스키마가 변하듯이 그 사람의 행동도 변하게 된다는 이론이다.

이세돌 선수와 바둑을 두었던 알파고는 인공지능에 스키마이론을 적용해서 많은 상대와 바둑을 두게 함으로써 알파고의 스키마가 점차 발달해서 인간을 능가하게 되었다고 설명할 수 있다.

■ 역동적 체계(dynamic system)이론

인간의 행동은 유기체(인간), 환경, 과제가 역동적으로 상호작용함으로써 생성되고 변화한다는 이론이다.

❷ 운동제어 체계 및 기억 체계 ·····································

■ 운동제어 체계

정보처리 이론이나 운동프로그램 이론에서는 외부세계로부터 들어오는 자극을 인지한 다음 그것을 해석하여 어떤 반응을 보일 것인지를 결정하게 된다. 그다음에는 반응을 실제 행동으로 옮길 수 있도록 효과기에 명령을 내려서 실행하고, 마지막으로 그 반응이 원하는 대로 실행되었는지 확인하고 수정해야 한다.

그 과정을 운동제어 체계라 하고, 다음과 같이 몇 가지 단계로 나눈다.

❖ **감각–지각 단계(자극확인 단계)**······환경의 정보자극을 탐지하고 자극의 명확성과 강도 그리고 자극의 유형을 인식한다. 이 단계에는 환경으로부터 많은 정보가 유입되기 때문에 병렬적으로 처리해서 시간을 줄인다.

❖ **반응–선택 단계**······입력된 자극에 대하여 어떤 반응을 보일 것인지 선택한다. 개인의 특성에 따라서 선택하는 반응이 각자 다르고, 입력된 자극에 대하여 적절한 반응이라고 판단될 때는 반응을 결정하는 시간이 짧게 걸리지만, 그렇지 않을 때는 시간이 많이 걸린다. 그리고 반응할 수 있는 방법(대안)이 많으면 선택하는 시간이 많이 걸리고, 대안이 조금밖에 없으면 선택하는 속도가 빠르다. 학습 초기의 미숙련자는 일일이 생각하면서 순차적으로 반응을 선택하지만, 숙련자는 연습을 통해서 자동화되었기 때문에 거의 동시에 선택한다.

❖ **반응–실행 단계**······반응을 실제 행동으로 옮기기 위해서 운동체계를

조직하는 단계이다. 수행에 필요한 근육이 적당한 타이밍으로 효율적으로 움직여야 원하는 반응을 보일 수 있다. 첫 번째 자극과 두 번째 자극 사이의 시간이 너무 짧으면 첫 번째 자극에 대한 반응 실행이 진행 중에 있으므로 두 번째 자극에 대한 반응 실행이 지연된다.

■ 기억 체계

생태학적 이론에서는 인간은 한 번 한 행동은 기억하고, 그 기억 위에 새로운 경험이 점차적으로 쌓여간다고 주장하는데, 이때 인간의 기억이 문제가 된다. 즉 인간은 어떻게 해서 기억을 하고, 그 기억을 어떻게 보관하고 있다가 필요할 때에 그 기억을 어떻게 해서 끄집어내는지를 알아야 한다는 것이다.

그 과정을 기억 체계라 하고, 기억 체계는 다음과 같은 단계가 있다고 한다.

❖ **지각 단계**……기억할 내용이 움직임이든 지식이든 관계없이 먼저 알아차려야 기억의 단계가 시작된다. 알아차리는 것을 '지각'이라 하고, 감각기관에서 들어온 정보를 그대로 기억하는 것이 아니라 기억하기 좋게 가공한 다음에 가공된 것을 기억한다고 한다. 기억하기 좋게 가공하는 것을 '조직화한다'고 말하는 학자도 있고, '암호화(encoding)한다'고 말하는 학자도 있다.

❖ **저장 단계**……지각한 것을 잘 보관해두는 단계이다. 사이뇌에 있는 해마가 관계한다고 한다.

❖ **인출 단계**……저장했던 기억을 다시 끄집어내는 단계로 '회상'이라고 한다. 저장과 인출 사이에 시간 간격이 가장 짧은 것은 감각기억이

고, 가장 긴 것은 장기기억이며, 중간이 단기기억이다. 저장과 인출 사이의 간격이 짧을수록 인출이 잘 되는 편이지만, 한 번 기억한 것이 평생을 가는 장기기억도 있다. 단기기억은 약 30초 동안 기억할 수 있는 것으로 기억한 순서대로 인출해야 하고, 장기기억은 아무 때나 인출할 수 있다고 한다. 치매는 단기기억에 이상이 생긴 것이고, 건망증은 감각기억 능력이 저하된 것이라고 한다.

02 운동학습

❶ 운동학습의 정의와 개념

경험 또는 연습에 의해서 어떤 자극에 대한 반응이 변화하는 것을 운동학습이라고 한다. 보통 움직임이 더 부드럽고, 더 정확하고, 더 힘 있게 변화되는 것을 의미한다. 운동학습에 의한 변화는 학습에 의해서 얻어지고 유지되는 것이기 때문에 일시적인 변화가 아니고, 비교적 오래 보존되는 변화이다.

운동학습은 학자들마다 다양하게 정의하고 있지만 슈미트(R. C. Schmidt)와 리(T. D. Lee)는 다음과 같은 4가지 공통적인 특징을 가지고 있다고 설명하였다.

❖ 학습은 숙련되게 움직이는 능력을 획득하는 과정이다. 훈련과 학습이라는 유사한 과정을 통해서 숙련되게 움직이는 능력이 습득된다.

❖ 학습은 훈련을 통해 이루어진다. 운동학습의 과정을 통해 특정한 상황에서 숙련된 움직임을 만들어낼 수 있는 능력을 갖추게 된다. 학습은 행위의 직접적인 변화를 일으키는 것이 아니라 능력의 변화를 일으키는 것이다.

❖ 학습은 직접적으로 측정될 수 없고 행동을 통해 간접적으로 평가된다. 능력의 변화는 감각정보나 근육의 활성화 패턴의 변화 등 중추신경계통에서 복잡하게 일어나는 변화과정이다. 따라서 직접 측정은 힘들고, 운동 수행의 변화를 통해서 간접적으로 유추해야만 한다.

❖ 학습은 상대적으로 영속적인 행동의 변화를 만들어낸다. 감정의 변화 등에 따라 나타나는 일시적인 변화와 학습의 결과로 생긴 지속적인 변화는 구분되어야 한다.

이상에서 설명한 네 가지의 개념을 종합하면, 운동학습은 훈련과 경험의 결과로 일어난 숙련된 운동수행 능력이 상대적으로 오래 동안 지속되는 변화로 정의할 수 있다.

다음은 다른 학자들이 운동학습을 정의한 것 중에서 일부를 소개한 것이다.

❖ 운동제어 이론의 관점에서 보면 운동학습은 "훈련을 통해서 수행의 오류를 수정하는 기술을 습득하는 과정이다."

❖ 운동학습은 "연습이나 경험의 결과로 달성되고 습득된 행동을 총칭한다."

❖ 운동학습은 "연습을 통해 숙련된 움직임이나 과제의 영구적인 획득 · 보존을 포함하는 일련의 과정이다."

❖ 운동학습은 "지각된 감각과 운동정보를 정확하게 연관짓는 내적 모델의 확립과정이다."

❷ 운동학습의 이론과 모델 ···

운동을 배운다는 것(학습)은 운동을 더 잘 조절(제어)할 수 있게 되는 것이기 때문에 운동학습 이론과 운동제어 이론은 서로 겹치는 경우가 대부분이다.

운동학습 이론에서는 운동기술을 구성하고 있는 요인들을 분석·규명하여 운동행동의 습득과정을 이해하고, 나아가 효율적인 기술습득의 방법을 고안하는 데 관심을 둔다. 또한 습득된 운동행동의 파지와 망각, 기억되어 있던 운동행동을 수행하고자 할 때 사용되는 방법, 운동기능의 습득에 영향을 주는 변인 등의 연구에 초점을 둔다.

운동학습을 설명하는 이론에는 다음과 같은 것들이 있다.

■ 자극-반응 이론(S-R이론)

손다이크(E. L. Thorndike)가 주장한 최초의 운동학습 이론으로, 현재는 거의 사용하지 않는다. 어떤 자극에 대하여 반응한 결과가 주위로부터 긍정적으로 받아들여지면 강화되고, 부정적으로 받아들여지면 쇠퇴된다. 즉 어떤 자극에 대한 반응이 점점 더 강화되는 것이 '학습'이라는 이론이다.

S-R이론에서는 반응을 다음과 같이 3종류로 나눈다.

❖ **단순반응**······하나의 자극에 대하여 미리 예정된 하나의 동작을 하는 것.

❖ **변별반응**······2가지 이상의 자극이 동시에 주어졌을 때 어느 하나의 자극에만 반응하는 것.

❖ **선택반응**······하나의 자극에 대한 여러 종류의 반응 중 하나를 선택

해서 반응하는 것.

하나의 자극이 주어진 이후부터 실제로 반응행동이 나타날 때까지의 시간을 반응시간이라 하는데, 반응시간은 다음 3가지 시간을 합한 시간이다.

- ❖ **감각지각 시간**······정보를 받아들이고, 그 내용을 분석하여 의미를 부여하는 과정. 자극확인 단계라고도 한다.
- ❖ **반응선택 시간**······자극에 대한 확인이 끝나고 어떻게 반응할 것인지 결정하는 단계. 숙련자일수록 반응선택 시간이 짧다.
- ❖ **반응실행 시간**······실제로 움직임을 생성하기 위해서 운동을 조직하는 단계. 자극이 이중으로 주어지면 병목현상(심리적 불응기)이 일어난다.

■ 개방회로 이론(open-loop theory)

제임스(W. James, 1890)가 운동제어를 설명하기 위해서 제안한 가설로, 어떤 운동을 하기 위해서는 맨 처음 운동을 시작할 때에만 주의가 필요하고, 그다음 동작은 앞에서 이루어진 동작에 대한 피드백에 의해서 자동적으로 이루어진다는 것이다.

그러면서 그 피드백은 어떤 기준치와 비교해서 동작을 수정하는 것은 아니라고 하였기 때문에 '개방회로 이론'이라고 부른다.

이 이론은 구심성 신경을 제거한 동물이나 사람이 운동을 할 수 있다는 실험결과가 나오면서 힘을 잃게 되었다.

■ 폐쇄회로 이론(closed-loop theory)

아담스(J. A. Adams)가 운동제어를 설명하기 위해 제안한 이론으로, 인간이 운동을 제어하는 것은 구심성 정보의 처리가 핵심적인 역할을 한다는 것이다.

어떤 동작을 학습하기 위해서는 기억흔적과 지각흔적이라는 두 가지 기억이 필요하다. 기억흔적은 과거에 경험했던 기억을 떠올린다는 뜻이고, 지각흔적은 옛날에 인식했던 것을 다시 기억해낸다(재인기억)는 뜻이다.

기억흔적에 의해서 그 동작을 수행할 때에 필요한 힘의 방향과 양을 결정해서 동작을 시작하고, 연습과 피드백에 의해서 기억흔적이 점점 더 정확하게 강화된다.

거기에 과거의 경험에 의해서 팔·다리의 감각기관들이 인식하고 있던 지각흔적과 현재의 동작을 하면서 되돌아오는 피드백을 비교해서 목적이 달성될 때까지 계속해서 수정한다. 동작이 정확해지면 정확해질수록 지각흔적이 더 유용해질 뿐만 아니라 더 잘 유지된다.

피드백에 의해서 동작이 수정되기 때문에 폐쇄회로 이론이라고도 한다. 이 이론은 운동학습 이론을 크게 발전시키기는 했지만, 많은 운동프로그램을 기억하고 있어야 하기 때문에 두뇌의 기억저장 능력에 한계가 있다는 주장에는 할 말이 없다. 또한 처음으로 배우는 운동을 설명할 수도 없다.

■ 일반화된 운동프로그램 이론(generalized motor program theory)

앞서 설명한 개방회로 이론과 폐쇄회로 이론은 모두 운동프로그램 이론에 근거를 두고 있다. 그래서 운동프로그램을 저장할 수 있는 기억용량은 한계가 있고, 새로운 운동을 배우는 것을 설명할 수 없다는 단점이 있다.

그래서 대안으로 개발된 것이 일반화된 운동프로그램 이론이다. 이 이론에서는 하나하나의 운동을 모두 프로그램으로 기억하는 것이 아니라 비슷한 종류의 운동을 묶어서 하나의 일반화된 운동프로그램으로 기억하고 있다고 주장한다.

일반화된 운동프로그램 안에는 변하지 않는 몇 가지 특징과 바꾸어주어야 할 몇 가지 변수가 들어 있다고 주장하였다. 그러면 기억용량이 많지 않아도 되고, 새로운 운동도 별 문제없이 학습할 수 있게 되기 때문에 폐쇄회로 이론의 단점이 모두 해결된다.

■ 스키마 이론(schema theory)

슈미트(R. C. Schmidt, 1975)가 폐쇄회로 이론에 반대하는 입장에서 제안한 것이 스키마 이론(schema theory)이다. 스키마를 도식(圖式)이라고 번역하여 도식 이론이라고도 한다('도식'이라는 말은 일본식 용어임).

스키마는 '한 종류의 물건이나 동물과 같은 것들에 대하여 그 사람의 기억으로 저장되어 있는 다양한 표현 또는 추상적인 표상'을 의미한다. 말이 너무 어려우니까 예를 들어 설명한다.

어떤 사람이 개를 보고 '그것이 개라는 것을 어떻게 알았을까?'에 대하여 생각하여 보자. 그 사람은 아마도 개는 4발로 기어 다닌다, 낯선 사람을 보면 짖는다, 주인에게는 잘 따른다, 눈이나 비가 오는 날에는 장난을 잘 친다 등과 같은 기억을 가지고 있을 것이고, 지금 보는 것이 그 기억 속에 있는 '개'와 일치하기 때문에 개라고 하는 것이다.

즉 그 사람의 기억 속에는 개의 특성에 대한 뭔가 들어 있는데, 그것을 '스키마'라고 한 것이다. 그러므로 그 사람이 가지고 있는 개에 대한 스키마와 지금 보는 것이 일치하면 개라고 하고, 틀리면 다른 무엇이라고 한다는 것이다.

스키마 이론에서는 운동을 하면 다음과 같은 스키마가 저장된다고 한다.

* **운동의 초기 조건**······운동을 시작하는 순간의 각종 감각정보 등
* **운동프로그램의 반응 명세**······운동을 수행하는 동안에 변화하는 힘이나 속도 등
* **감각 결과**······운동을 할 때 각종 감각기관을 통해서 느낀 것. 이것을 수행의 지식(knowledge of performance, KP)이라고도 한다.
* **운동 결과**······실제로 수행된 운동에 대한 각종 정보. 이것을 결과의 지식(knowledge of result, KR)이라고도 한다.
* **회상 스키마**······여러 가지 반응명세 중에서 어느 것을 선택할 것인지를 결정하는 데에 이용
* **재인 스키마**······예상되었던 KR과 실제 KR을 비교해서 효율을 평가하는 데에 이용

결과적으로 운동을 하면 회상스키마와 재인스키마가 계속해서 업데이트 되는데, 그 업데이트되는 과정이 바로 운동학습이다.

❸ 운동학습의 과정

1893년에 미국에서 하터(Harter)라고 하는 전신(電信)기사가 18세의

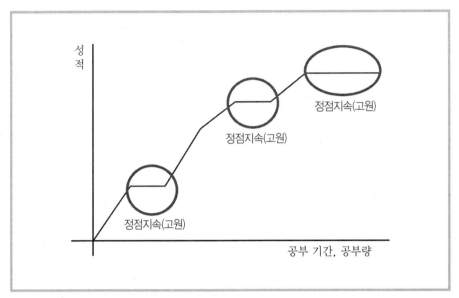

▶ **그림 2-2   학습곡선**

남학생들에게 40주 동안 모스부호 송수신 훈련을 시키면서 훈련시간의 경
과와 송수신 능력의 향상 정도를 그래프로 그렸는데, 그 그래프를 '학습곡
선'이라고 부른다.

　학습곡선의 특징은 매일 같은 시간 연습을 하는데도 불구하고 송수신 능
력은 일정하게 점점 좋아지는 것이 아니라, 실력이 어느 정도 향상되면 한동
안은 거의 향상되지 않다가 다시 향상되고, 그다음에는 다시 향상되지 않다
가 시간이 지나면 다시 향상되는 식으로 단계가 있다는 것이다.

　더 이상 실력이 향상되지 않고 일정하게 유지되는 현상을 정점지속(plateau,
고원)현상이라 하고, 실력이 일시적으로 후퇴하는 것을 슬럼프(slump)라
고 한다.

　어쨌든 학습곡선을 계기로 운동학습은 단계적으로 향상된다는 것이 알
려진 후부터 운동학습의 단계에 대한 연구가 활발하게 이루어졌다.

피츠(P. Fitts)와 포스너(M. Posner)는 운동기술은 형태와 복잡한 정도가 매우 다양하지만, 한 개인이 어떤 운동기술을 습득하는 과정은 매우 유사하다고 하면서, 인간이 어떤 운동기술을 습득하려면 '인지→연합→자동화'의 세 단계를 거쳐야 한다고 주장하였다.

■ 인지 단계(cognitive stage)

학습자가 운동기술을 학습하려면 필요한 것이 무엇인지 정확히 알아내려고 노력하는 학습동기가 있어야 한다. 운동을 의식적인 방법으로 조절하고, 목표로 하는 운동에 더 근접하려면 어떤 전략이 좋은지 알아내기 위해서 학습자가 여러 가지 전략을 실험해봐야 하기 때문에 인지활동이 많이 필요하고, 학습자가 부분 동작을 수행할 때마다 주의를 기울여야 하기 때문에 주의력이 많이 필요한 단계이기도 하다. 그래서 인지 단계에서는 동작이 느리고, 돌발적이며, 비효율적이고, 수행결과에 일관성이 없다.

❖ 인지 단계에서는 운동과제를 어떻게 안전하게 수행하는지 그 방법을 배운다.

❖ 움직임을 인지하는 단계이다.

❖ 학습자는 기술적인 움직임을 위해서 움직임의 연속성에 대하여 생각해야 한다.

❖ 시행착오가 가장 많이 발생하는 시기이다.

■ 연합 단계(associative stage)

학습자가 일단 기본적인 운동패턴을 알고 나면 제2단계인 연합 단계가 시작된다. 상당히 정교하게 운동을 조절하는 것이 연합 단계의 특징이다. 연습을 이어감에 따라서 출력되는 운동에 신뢰성과 일관성이 점점 좋아지고, 비효율의 원인이 되는 근육의 동시수축이 점점 줄어든다. 동작의 한두 부분이 자동적으로 조절되기 때문에 그 시간을 이용해서 동작수행의 다른 관점에 관심을 돌릴 수 있게 된다.

연합 단계에서는 학습자가 안정되게 운동과제를 조절하여 가장 잘 조화되고 효과적인 움직임을 만드는 데에 중점을 두어야 한다.

❖ 오류가 점점 적어지는 단계로, 오류가 발생하면 수정하려고 노력해야 한다.

❖ 운동 조절을 잘하려고 노력해야 한다.

❖ 일관되고 효율적인 움직임을 만들기 위해서 노력해야 한다.

■ 자동화 단계(autonomous stage)

열심히 연습하면 자동화 단계로 넘어간다. 동작이 자연스럽고 힘들지 않는 것처럼 보이는 것이 이 단계의 특징이다. 동작이 정확하고 거의 실수가 없을 뿐만 아니라 일관성이 있다. 동작을 매우 효율적으로 하기 때문에 근육에너지를 많이 필요로 하지 않는다. 운동기술 대부분이 자동적으로 수행되고, 동작을 수행할 때 별로 신경을 쓰지 않는다.

즉 무의식적 · 지속적 · 자동적으로 과제를 수행할 수 있게 되고, 과제수행 시에 인지능력이 거의 요구되지 않기 때문에 다른 과제를 동시에 수행할 수도 있다. 시각 · 주의집중 · 피드백보다 속도와 운동의 정확성이 중요하게 된다.

❖ 운동학습의 마지막 단계이다.

❖ 학습한 움직임이 무의식적으로 실행되는 단계이다.

❖ 집중을 하지 않아도 과제수행이 가능한 단계이다. 즉 이중과제의 수행이 가능한 단계이다.

❖ 환경이나 과제의 변화에도 쉽게 적응할 수 있는 단계이다.

❖ 가장 기능적이고 효율적으로 수행할 수 있는 단계이다.

운동학습은 끝나지 않고 계속해서 진행되는 과정이라고 주장하면서 운동학습의 과정을 다음과 같이 5단계로 보는 사람도 있다.

❖ 초기의 빠른 학습 단계에서는 한 번의 훈련에서도 상당한 수행의 증진을 보인다.

❖ 느린 후기 단계에서는 수차례의 훈련을 거쳐야 이득을 얻게 된다.

❖ 강화 단계에서는 훈련이 끝난 후 4~6시간 정도의 잠재기가 지난 다음에도 수행이 증진되거나 다른 과제에 의한 간섭을 받지 않게 된다.

❖ 자동화 단계에서는 낮은 인지수준으로 숙련된 행위가 가능해지고 간섭과 시간의 영향을 적게 받게 된다.

❖ 유지 단계에서는 더 이상의 훈련 없이 오랜 시간이 흘러도 운동 기술이 쉽게 수행될 수 있다.

위의 세 번째 강화 단계에서 '다른 과제에 의한 간섭을 받지 않게 된다'는 것은 다른 과제를 수행하기 위해서 그 과제와 관련된 것을 회상하면 본과제에 대한 회상을 방해해서 망각이 일어나는 것을 의미한다. 따라서 간섭이 일어나면 학습이 느려지고 기억력에 문제가 생기게 된다.

▶ 표 2-1 학습 단계 이론

학습단계	특징	필요한 주의력
인지 단계	동작이 느리고, 일관성이 없고, 비효율적이다.	많은 양의 인지활동이 필요하다.
연합 단계	동작이 유창하고, 신뢰성이 있다. 일부는 의식적으로, 일부는 자동적으로 조절된다.	적은 양의 인지활동이 필요하다.
자동화 단계	동작이 정확하고, 일관성이 있으며, 효율적이다. 대부분의 동작이 자동적으로 저절된다.	인지활동이 거의 필요 없다.

❹ 운동학습에 영향을 미치는 요인과 효율적인 운동학습 ·········

운동학습에 영향을 미치는 요인에는 학습동기, 학습의 전이, 기억과 망각, 자기충족 예언, 피드백, 연습 등이 있다. 이렇게 많은 요인들이 있지만 운동을 지도하는 지도자가 변화시킬 수 있는 것은 다음 2가지밖에 없다. 그러므로 운동학습의 효율을 높이기 위해서는 지도자의 노력보다는 학습자 자신의 노력이 더 중요하다.

❖ 연습의 구성과 계획……훈련기간 동안에 사용하는 연습방법, 시간, 강도, 환경 등

❖ 지도자가 학습자에게 제공하는 피드백

■ 학습동기(motivation)

학습동기는 인간의 행동을 일으키게 하는 근원적인 힘이다. 이것은 행

동의 활성을 증가 또는 감소시키며, 행동의 방향을 결정해주는 심리적 요인으로 자동차에 비유한다면 엔진과 핸들의 기능에 해당된다.

학습동기는 학습능률에 다음과 같은 영향을 미친다.

- ❖ 학습속도를 결정한다……동기가 강하면 학습속도가 빨라진다.
- ❖ 학습으로 도달할 수 있는 한계를 결정한다……동기가 크면 달성의 정도도 크다.
- ❖ 동기가 강하면 오류를 적게 범한다.

■ 학습의 전이

이전에 학습하였던 내용이 후속학습에 영향을 주는 것을 학습의 전이라 한다.

학습의 전이에는 다음과 같은 종류가 있다.

- ❖ **긍정적 전이**……사전학습이 후속학습에 긍정적으로 작용하는 것. 예를 들어 인라인스케이트를 탔던 경험이 스키를 배우는 데에 도움이 된다.
- ❖ **부정적 전이**……사전학습이 후속학습을 방해하는 것. 예를 들어 배드민턴을 쳤던 경험이 테니스 스트로크를 배우는 데에 방해가 된다.
- ❖ **수평적 전이**……특수한 분야에서 학습된 것이 다른 분야의 학습이나 실생활에서 이용되는 것. 예를 들어 학교에서 수학을 배운 것이 물건을 사고 팔 때 돈 계산에 도움이 된다.
- ❖ **수직적 전이**……한 행동 수준에서의 학습이 그보다 고차적인 행동 수준의 학습을 촉진시키는 것. 예를 들어 조깅이 드리블링에 도움이 된다.

학습의 전이는 새로운 학습에 대한 동기와 밀접한 관련이 있다. 따라서 학습내용이 새로운 학습에 적용될 수 있는 기회를 제공하므로 학습내용을 유사성 있게 계열적으로 구조화시켜서 제시해야 한다.

➜ 정적 전이가 잘 되도록 하려면

이전에 학습했던 학습 결과가 현재하고 있는 운동기술의 학습에 긍정적인 영향을 미치려면 다음과 같은 조건에 부합해야 한다.

❖ 운동기술 요소가 유사하거나 수행하는 상황이 비슷해야 한다. 예를 들어 야구공 던지기, 테니스 서브, 배구의 스파이크 등은 엉덩이와 어깨의 회전→어깨·팔·팔목의 순차적인 수행→손목과 손의 굴곡동작으로 이어지는 동작유형을 가지고 있으므로 정적 전이를 하기 쉽다.

❖ 인지적 처리과정이 유사해야 한다. 이전에 학습한 과제와 새롭게 학습하는 과제의 인지적 처리과정이 비슷할수록 정적 전이가 잘 이루어진다.

➜ 부적 전이가 일어나는 조건은

이전에 학습했던 결과가 새롭게 학습하는 과제의 수행에 부정적인 영향을 미치는 원인은 다음과 같다.

❖ 지각정보의 특성이 유사하지만 움직임의 특성이 다른 경우
❖ 동일한 자극에 대하여 움직임의 타이밍이나 공간적 특성이 다른 경우

■ 기억과 망각

학습할 때 획득한 정보를 비교적 장기간 동안 지속적으로 보유하고 있

으면서 활용할 수 있는 능력을 기억이라고 한다. 어떤 것을 기억하기 위해서는 뇌에 있는 해마, 시상, 소뇌의 편도체가 함께 작용해야 한다.

이때에는 다음과 같은 3단계를 거치게 된다.

➡ 정보의 부호화

인간이 어떤 정보를 접하면 그 정보에 의미를 부여하기 위해서 시각적으로, 청각적으로, 또는 감각적으로 처리한다. 즉 정보를 기억하기 위해서는 기초 작업부터 먼저 한다(예 : 전화번호를 외우려고 두 번 세 번 읽는 것은 시각적인 처리, 청각적인 처리, 감각적인 처리를 동시에 하는 것이다).

➡ 정보의 저장

정보를 저장한다는 것은 나중에 그 정보를 회상할 수 있도록 보존하는 것인데, 여기에는 단기기억과 장기기억이 있다. 단기기억은 약 30초 동안 기억할 수 있는 것으로, 어른은 동시에 5~9가지 단기기억을 가질 수 있다.

사람이 단기기억을 장기기억으로 전환하려고 어떤 방법으로든 노력을 하면 단기기억의 일부가 장기기억으로 변한다. 장기기억은 상대적으로 오랜 시간 동안 또는 일생 동안 기억할 수 있으며, 아무 때나 필요하면 회상해낼 수 있다.

➡ 정보의 인출

정보를 인출한다는 것은 저장된 정보를 끄집어내는 것이며, 기억하지 못하는 것은 인출하지 못한다는 뜻이다. 단기기억은 순서대로 저장되어 있기 때문에 순서대로 인출해야 하고, 장기기억은 연상에 의해서 저장되어 있기 때문에 연상에 의해서 인출해야 한다.

단기기억에 있는 단어 중에서 네 번째 단어를 인출하려면 첫 번째 단어부터 차례로 기억해내야 하고, 장기기억에 있는 침실로 가는 길을 인출하려면 그냥 침실로 가면 된다.

학습경험의 사실 및 내용을 저장하여 간직했다가 필요할 때 재생하여 인출해내는 과정을 '기억'이라 한다. 기억은 다음과 같은 4단계를 거쳐서 현재의 사실이 이전 학습경험의 사실과 같다는 것을 확인하게 된다.

❖ 기명(記銘, memorizing)⋯⋯자극을 지각하거나 정보를 받아들여 정리하는 과정이며, 경험내용을 머릿속에 흔적으로 각인하는 과정.

❖ 파지(把持, retention)⋯⋯기명된 것을 일정기간 동안 기억흔적으로 간직하는 것.

❖ 재생(reproduction)⋯⋯파지하고 있는 내용을 생각해내어 의식화하는 과정.

❖ 재인(recognition)⋯⋯기명된 내용과 재생된 내용이 일치하는지를 의식하는 것.

기억을 강화하는 방법에는 다음과 같은 것들이 있다.

❖ 심상(imagery)⋯⋯기억할 내용이나 정보를 자기가 알고 있는 장소 · 거리 · 대상에 관련시켜 기억하고 재생하는 것.

❖ 조직화 및 정교화⋯⋯우리가 알고 있는 지식을 동원하여 주어진 자극에 대해 내용을 첨가하여 살을 붙이고, 가다듬고, 관련 내용을 의미있게 조직화하는 것.

❖ 시연(rehearsal)⋯⋯단기기억에 있는 정보를 잃어버리지 않으려고 되풀이해서 단기기억 속으로 집어넣는 것.

❖ 의미화⋯⋯기억해야 할 정보를 그 정보와 관련된 의미와 연결시켜서

기억하는 것.

❖ **주의집중**······주어지는 자극이나 정보에 대해 그 색상·형태·크기·특징 등에 대해 주의를 집중하여 기억하면 장기기억화에 도움이 되는 것.

일단 기억한 정보가 시간이 경과하거나 사용하지 않았기 때문에 약화되거나 소멸되어 다시 재생되지 않는 현상을 '망각'이라 한다.

망각의 원인을 설명하는 이론에는 다음과 같은 것들이 있다.

❖ **소멸설**······기억흔적이 시간의 경과와 더불어 보다 좋은 형태로 재조직되지 않으면 망각이 촉진된다.

❖ **간섭설**······선 학습 또는 후 학습에 의해서 입력된 새로운 정보가 이전 정보의 인출을 더 어렵게 만든다.

❖ **억압설**······일시적 의도적으로 기억하려 하지 않기 때문에 생기는 망각.

망각의 원인은 어느 한 이론으로 만족스럽게 설명할 수 없다.

➜ 운동지능의 개발

우리가 흔히 "운동신경이 발달되었다."라고 하는 말을 학문적으로 "운동지능이 좋다."라고 한다. 배우기 시작하는 나이, 학습기간, 교사(지도자), 장비, 학습진도 등이 운동지능의 개발에 영향을 미친다.

❖ 학교에 가기 전부터 배우는 것이 유리하고, 처음 배울 때에 정확하게 배워야 나쁜 습관이 생기지 않는다.

❖ 연습을 하지 않으면 운동기술을 배우기 어려울 뿐만 아니라 몸에 익힐 수도 없다. 운동기술을 연습할 수 있도록 충분한 시간을 주어야

한다.

❖ 운동 지도의 경험이 있고 자격이 있는(트레이닝을 받은) 지도자로 부터 배워야 한다. 수학 선생님이나 음악 선생님과 체육 선생님은 다르다.

❖ 질이 좋은 장비를 사용해야 한다. 예를 들어 어린이의 몸에 맞도록 칫수를 줄인 장비를 사용해야 안절할 뿐만 아니라 학습효율도 올라 간다.

❖ 간단한 작업에서 복잡한 작업으로 나아가듯이 올바른 방향으로 학 습이 조직되어 있어야 이해하기도 쉽고 배우기도 쉽다.

■ 자기충족 예언(self-fulfilling prophecy)

어떤 기대가 실현될 것이라는 믿음을 갖고 그것을 실현시키기 위해 노력함으로써 결국 원래 기대를 현실로 실현시키는 것을 자기충족 예언이 라 한다. 예를 들어 교사가 한 학생에 대하여 어떤 방식으로든 기대가 형 성되면,

❖ 그 기대에 따라 교사가 학생을 차별적으로 좋게 대하고,

❖ 학생은 교사의 기대에 부응하려고 노력한다.

❖ 따라서 학생의 학습 결과가 좋아진다.

■ 연습

새로운 경험이나 행동을 획득하는 것을 목표로 정하고, 그 목표에 도달 하기 위해서 끊임없이 반복적으로 운동하는 전체과정을 연습이라 한다. 연

습방법과 연습하는 운동과제의 특성에 따라서 연습의 효과가 다르다.

➜ 전습법과 분습법

❖ 전습법(whole practice)……학습할 범위를 한꺼번에 학습하는 방법이다.

- 운동의 요소들이 서로 긴밀하게 상호작용을 하고, 비교적 짧은 시간 동안에 운동수행이 끝나는 기술의 연습에 효과적이다.
- 망각이 적고 시간과 노력이 적게 들며 학습에 필요한 반복이 적다는 장점이 있다.

❖ 분습법(part practice)……학습할 범위를 몇 개의 단위로 나누어 학습하는 방법이다.

- 학습 초기에 유리하다.
- 연속적으로 이어지거나 상대적으로 긴 시간 동안 수행해야 하는 기술을 연습할 때 효과적이다.
- 학습효과가 빨리 나타나며, 주의와 집중력의 범위를 좁히는 데 유리하다는 장점이 있다.

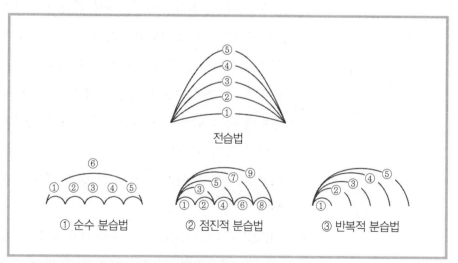

▶ 그림 2-3 　전습법과 분습법에 의한 학습순서

❖ 분습법의 종류

- 순수 분습법……각 학습내용의 범위를 일정한 기준에 도달할 때까지 각각 학습하고, 그 후 각 학습내용의 범위를 동시에 학습하여 일정한 기준까지 학습하는 방법.
- 점진적 분습법……학습내용의 범위 1과 2를 학습하고, 다음 학습내용의 범위 1과 2를 동시에 학습하며, 그다음 학습내용의 범위 1, 2, 3을 동시에 학습하는 형식으로 학습할 범위를 점차 합해서 전체를 학습하는 방법.
- 반복적 분습법……학습내용의 범위 1을 학습하고, 다음 학습내용의 범위 2를 동시에 학습하며, 다음 학습내용의 범위 1, 2, 3을 동시에 학습하고, 그다음 학습내용의 범위 1, 2, 3, 4를 학습하는 식으로 동시에 학습하는 방법.

➜ 구획연습과 무선연습

❖ 구획연습(blocked practice)……운동기술의 하위 요소들을 순차적으로 연습한다. 한 동작을 여러 번 반복 연습한 후에 다음 동작으로 넘어간다. 구획연습을 분단연습이라고 하는 사람도 있다.

- 학습자가 특정한 문제를 수정할 수 있다.
- 한번에 한 가지 기술씩 차례로 세련되게 다듬을 수 있다.
- 정확한 동작 습관이 필요한 운동기술인 경우에는 연습초기에 실시하면 효과적이다.
- 다른 과제로 넘어가기 전에 첫 번째 과제를 숙달하기 위한 전략이다.

❖ 무선연습(random practice)……운동기술의 하위 요소들을 순서 없이 임의대로 연습한다. 과제를 예측할 수 없는 순서로 변화시키며 훈

련한다.

- 높은 인지 처리와 문제해결 능력이 요구된다.
- 학습자가 어떤 운동기술에 숙련된 다음에는 대단히 효과적이다.
- 주어진 과제를 무작위로 연습하되, 하나의 과제가 2번 연속적으로 반복되지 않도록 한다.
- 학습자는 다양한 과제를 돌아가며 연습할 수 있다는 장점이 있다.
- 무작위로 연습하기 때문에 다양한 과제를 서로 구분할 수 있다.
- 과제 사이에 유사한 점과 연관성을 생각할 수 있다.

➜ 집중연습과 분산연습

❖ 집중연습(massed practice)……연습과 연습 사이에 쉬는 시간이 상대적으로 짧고, 연습시간이 쉬는 시간보다 길다.

❖ 분산연습(distributed practice)……연습시간에 비해서 쉬는 시간이 상대적으로 길다. 쉬는 시간이 연습시간과 같거나 오히려 더 길다.

- 휴식시간이 짧으면 신체와 중추신경계통이 피로를 회복할 수 있는 시간도 줄어든다. 모든 운동학습에 알맞은 운동-휴식 시간의 비율은 없으므로 지도자가 학습자의 상태를 보아가면서 조절해야 한다.
- 시간이 지남에 따라 휴식시간을 점점 더 줄여가는 것이 효과적이다.
- 운동 초기와 인지능력이 부족한 환자에게 적합하다.

➜ 신체적 훈련과 정신적 훈련

❖ 신체적 훈련(physical practice)……운동과제를 직접 수행하는 것.

- 운동의 인지단계와 운동 초기에 기술을 빠르게 습득할 수 있다.

❖ 정신적 훈련(mental practice)……운동과제를 수행하기 전에 어떻게 수행할 것인지 인지적으로 연습하는 것. 움직임을 상상하는 것.

- 움직임을 상상만 해도 대뇌의 해당 영역이 활성화된다.
- 이미지 트레이닝을 한 후에 수행을 하면 신체적인 훈련만 한 것보다 효과가 더 좋게 나타난다.

➜ 연습계획 작성 시 유의할 점

- 참여하는 사람 모두가 학습하기에 알맞도록 작성해야 한다.
- 학습자들의 기술 수준에 맞추어서 작성해야 한다. 학습자들의 잠재적인 능력을 임의대로 판단해서 작성하면 안 된다.
- 학습자들의 성숙도, 선행경험, 체력수준 등도 고려해야 한다.
- 학습자들의 동기를 유발할 수 있도록 작성해야 한다.
- 학습자가 목표를 설정하도록 격려하고, 훌륭한 시범을 보이고, 시각적인 도움을 주어야 한다.
- 동기가 강한 학습자는 연습을 할 때 더 많이 노력하고, 더 오랜 시간 동안 연습하고, 더 많이 배운다.
- 효과의 법칙……유기체는 보상받은 반응은 반복하려 하고, 벌을 받거나 보상받지 못한 반응은 피하려 한다.

■ 피드백

기술을 습득하는 과정에서 동작을 조절하기 위하여 감각정보를 사용하는 것을 피드백(feedback)이라고 한다. 자세히 설명하면 목표한 동작과 실제 수행한 동작의 차이에 대한 시각적 · 청각적 · 운동감각적 정보를 환경과 신체를 연관시켜서 본인 스스로에게 전달하는 정보이다.

피드백은 수행 자체에 대한 정보를 제공하기도 하고, 수행 오류에 대한 정보를 제공하기도 한다. 피드백을 통하여 학습자는 오류를 수정하고, 신경계통은 수정을 통하여 운동수행 능력을 향상시켜 나가는 것이다.

➜ 피드백의 분류

피드백은 그림 2-4와 같이 내재적 피드백과 외재적 피드백으로 분류한다.

❖ **내재적 피드백**(intrinsic feedback)⋯⋯운동을 수행함으로써 자동적(자연적)으로 생기는 정보이다.
  • 내 자신의 감각기관으로부터 받는 정보이다.
  • 내재적 피드백을 제공할 수 있는 기관에는 피부(촉각, 압력감각, 진동감각 등), 고유수용기(움직임과 자신의 신체분절들에 대한 위치감각), 전정기관(자신의 머리가 움직이는 속도와 위치, 균형감각), 시각, 청각 등이 있다.
  • 움직임의 결과로 발생하는 운동감각을 내 자신으로부터 받는 것이다.

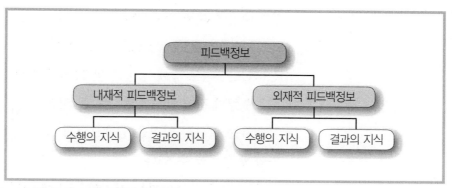

▶ **그림 2-4 피드백의 분류**

❖ **외재적 피드백(extrinsic feedback)**⋯⋯자신의 감각정보가 아닌 외부에서 주어지는 정보를 말한다.

- 운동수행이 끝난 다음에 다른 사람 또는 어떤 도구에 의해서 학습자에게 제공되는 정보이다.
- 저절로 생기는 내재적 피드백보다 학습자에게 더 유용한 경우가 많기 때문에 보강 피드백이라고도 한다.
- 내재적 피드백을 향상시키기 위해서 외부에서 제공하는 정보이다.
- 외재적 피드백의 종류⋯⋯지도자의 지시, 바이오피드백 장비(EMG, EEG, 피부저항, 초음파 등), 비디오나 사진 등

➜ 외재적 피드백의 분류

외재적 피드백을 수행의 지식과 결과의 지식으로 나누기도 한다.

❖ **수행의 지식(knowledge of performance)**⋯⋯동작의 특성에 대한 정보를 환경과 연관시켜서 학습자에 제공하는 피드백 정보

- 운동학적 피드백 정보이다.
- 정확한 움직임을 만들어내기 위하여 제공하는 정보이다(학습자가 방금 수행한 운동에 대한 보강적 정보이다).
- 운동의 질적인 정보를 제공하기 때문에 계량화가 어렵다.
- 운동패턴에 대한 정보이다.

❖ **결과의 지식(knowledge of result)**⋯⋯운동수행 이후에 학습자에게 제공되는 피드백 정보 중에서 동작 및 과제의 수행 결과에 관한 것.

- 운동수행의 결과 객관적인 점수를 알려준다.
- 학습자는 결과의 지식을 얻음으로써 그다음 행동을 목표에 좀 더 가깝게 수정할 수 있다.
- 결과의 지식이 주어지는 시기와 장소에 따라서 학습의욕과 학습

효율에 미치는 영향이 대단히 크다.
- 운동에 관한 정량적인 정보를 제공한다.
- 결과의 지식을 제공하면 학습속도가 빨라진다.
- 학습자가 결과의 지식을 얻지 못하면 오류를 수정하기 어렵다.

테니스볼을 칠 때 팔을 펴야 한다는 것은 수행의 지식에 해당되고, 친 볼이 상대방 코트에 떨어지는지 지켜보는 것은 결과의 지식에 해당된다. 외재적 피드백에 속하는 결과의 지식은 농구에서 슈팅한 결과와 같이 결과가 분명한 것은 별 효용이 없고, 다이빙의 점수와 같이 결과가 분명하지 않을 때에는 아주 중요하다.

외재적 피드백에 속하는 수행의 지식은 동작을 수행하기 위해서 필요한 지식이다. 예를 들면 "볼에서 눈을 떼지 말라!", "스윙이 약간 늦었다." 등이다.

➤ 피드백을 제공하는 방법

피드백은 동기를 부여하는 특성이 있다. 특히 외재적 피드백은 학습자의 동기를 유발하고 오차를 수정하는 역할을 한다. 그러므로 교사(지도자)는 잘못을 지적할 수 있는 능력뿐만 아니라 정확한 동작이 이루어지도록 보강하는 능력도 있어야 한다.

피드백이 버팀목의 역할을 할 수도 있다. 가끔씩 피드백을 주면 대개 학습을 강화시키지만, 장기간 동안 계속해서 피드백을 주면 의존성만 키울 수도 있다.

의존성을 최소화하고 피드백의 효과를 높이기 위한 피드백 방법에는 다음과 같은 것들이 있다.

❖ 기술의 정도가 낮을 때에는 피드백을 많이 주고, 기술의 정도가 높

아지면 점차적으로 피드백을 줄인다(점감 피드백).

❖ 정확한 것보다 약간 더 넓은 피드백을 준다(광폭 피드백). 그러면 점
감 피드백을 주기 쉽게 되고, 피드백을 자주 줄 필요가 없기 때문에
오히려 학습자의 동기를 강화시키는 효과도 있다.

❖ 잘못이 있을 때마다 피드백을 주지 않고, 일정 기간이 지나거나 일
정량 이상으로 잘못이 생기면 피드백을 준다(요약 피드백). 그러면
학습자가 피곤해 하는 것을 피할 수 있고, 동작을 매번 수정하지 않
으므로 동작에 일관성이 생길 수 있다.

다음은 운동학습 과정에 피드백을 주는 원리(방법)이다.

❖ 학습 단계별로 피드백이 달라야 한다. 즉 인지 단계에서는 반드시
피드백을 주어야 하고, 연합 단계에서는 점감 피드백, 광폭 피드백,
요약 피드백 등을 주어야 하며, 자동화 단계에서는 피드백을 점차
없애야 한다.

❖ 새로운 운동을 배울 때에는 학습자의 두뇌에 과부하가 걸리기 쉬우
므로 한 번에 한 가지씩만 지적하는 선택적 · 집중적 피드백을 주어
야 한다.

❖ 피드백의 정확도에 따라서 서술적 피드백과 지시적 피드백으로 나
눌 수도 있다. "왜 폴로스루를 안 하지?"와 같이 옳고 그름만을 이야
기하는 것이 서술적 피드백이고, "폴로스루를 할 때 손목에 스냅을
더 줘라."와 같이 수정해야 할 것을 정확하게 지시하는 것이 지시적
피드백이다. 서술적 피드백이 학습 초기에는 더 좋은 것 같이 보이
지만, 결국에는 지시적 피드백의 효과가 더 좋다.

❖ 피드백을 주는 시기에 따라서도 학습효과가 달라진다. 특히 단기기
억은 잃어버릴 가능성이 대단히 크기 때문에 빨리 피드백을 주어야

한다. 일반적으로 피드백을 주는 시기가 늦어지면 늦어질수록 피드백의 효과가 줄어든다. 그러므로 즉각적인 피드백이 유리하다.

■ 파지

운동연습으로 향상된 운동수행 능력을 오랫동안 유지할 수 있는 능력을 '파지'라 한다.

파지에 영향을 미치는 요인에는 다음과 같은 것들이 있다.

❖ **운동과제의 특성**……운동기술의 학습과 파지에 가장 큰 영향을 미치는 것이 운동과제의 특성이다. 그러므로 과제의 특성에 부합하는 학습방법과 학습환경이 주어져야 한다.

❖ **환경의 특성**……환경적 제한요소가 운동기술의 학습에 영향을 미치고, 환경적 제한요소에 대한 적응이 운동기술의 파지에 영향을 미친다.

❖ **학습자의 특성**……개개인의 특성에 따라 운동기술의 파지에 차이가 나타난다. 운동기술의 학습은 일련의 연속적인 과정이며, 학습자의 협응경향에 따라 파지가 달라진다.

❖ **연습량**……연습량은 운동기술의 학습과 파지에 영향을 미친다. 그러나 일정한 수준의 운동기술에 도달하면 연습량이 증가하여도 운동기술의 학습에는 영향이 거의 없다. 그러므로 운동기술을 배운 다음에는 파지에 필요한 만큼만 연습해도 된다.

03 운동발달

❶ 운동발달의 개념

　　인간은 태어나서 죽을 때까지 평생 동안 신체적·정신적으로 성장·발달한다. 이와 더불어 운동기능과 운동능력도 발달한다. 일반적으로 형태적으로 커지거나 양이 증가하는 변화를 성장이라 하고, 기능적으로 더 정교해지고 복잡해지거나 좋아지는 것을 성숙이라 하는데, 발달(development)은 성장과 성숙을 모두 포함하는 용어이다.

　　일반적으로 어렸을 때 형태나 양이 점점 증가하고 기능도 점점 더 좋아지는 것을 발달이라 하고, 늙어서 형태나 양이 점점 줄어들고 기능도 점점 나빠지는 것을 쇠퇴라고 하지만, 학문적으로는 쇠퇴도 발달의 한 종류에 속한다.

　　다음에 있는 몇몇 학자들이 내린 발달의 정의를 보면 발달의 개념을 좀 더 분명히 알 수 있을 것이다.

- ❖ 유기체나 그 기관의 양이 증대하고, 구조가 정밀화되며, 기능이 유능해지는 것이다.
- ❖ 부분의 분화가 증대되는 것이다.
- ❖ 개체가 발생에서 성숙으로 이행하는 과정에서 나타나는 구조와 형태의 변화이다.
- ❖ 질서정연하고 일관성이 있는 진보적인 변화가 일생 동안 계속적으로 일어나는 것이다.

　　이상을 종합하여 볼 때 운동발달은 운동행동의 시간적 흐름, 즉 연령에 따라서 계열적으로 변화하는 과정이고, 기능적으로 분화되고 복잡화되며 통합화되어서 환경에 더 잘 적응해 가는 과정이라고 할 수 있다.

❷ 운동발달의 원리 ·······

❖ 어린이의 운동발달은 예측이 가능하도록 일정한 위계와 순서에 따라서 발달된다.

- 운동발달은 몸통에서 먼 쪽부터 발달한다(팔이 손가락보다 먼저).
- 머리쪽에서 꼬리쪽으로 발달한다(머리가 발보다 먼저).
- 큰 근육 운동에서 작은 근육 운동으로 발달한다.
- 위팔근육이나 넙다리근육이 손가락이나 발가락근육보다 먼저 발달한다.
- 기기, 앉기, 서기, 걷기 순으로 발달한다.
- 뻗기, 잡기, 조작하기 순으로 발달한다.

❖ 운동발달이 얼마나 잘 되었느냐가 다른 분야의 발달에도 큰 영향을 미친다.

- 인지발달에 영향을 미친다······이동을 잘하거나 자세를 잘 바꿀 수 있는 어린이가 환경 탐험을 쉽게 할 수 있고, 손가락을 잘 움직일 수 있는 어린이가 글씨를 잘 쓰거나 그림을 잘 그릴 수 있으므로 운동발달이 인지발달에 큰 영향을 미친다.
- 생활기술의 발달에 영향을 미친다······운동조절을 정확하게 잘할 수 있는 어린이가 손으로 만들거나 젓가락질, 옷을 입고 벗는 일이나 얼굴을 닦는 일, 목욕 등을 더 잘할 수 있다.

- 소통능력의 발달에 영향을 미친다……입 운동을 잘 조절할 수 있는 어린이가 글자를 읽고 발음을 정확하게 할 수 있다(또렷하게 표현).
- 사회성과 감성의 발달에 영향을 미친다……앉고, 말하고, 먹고, 마시려면 적절한 운동능력이 있어야 한다. 어린이가 그런 것들을 잘하는 정도에 따라서 다른 사람들이 반응하는 것들이 다르기 때문에 운동발달이 그 어린이의 사회성과 감성의 발달에 긍정적 또는 부정적인 영향을 준다.

❖ 낮은 단계에서 높은 단계로, 단순에서 복잡으로, 서투름에서 세련됨으로 발달된다.
❖ 연속적이고 점진적으로 발달한다.
❖ 시기에 따라, 신체기관에 따라, 개인에 따라, 환경에 따라 발달속도에 차이가 있다.

❸ 운동발달에 영향을 미치는 요인

운동발달에 영향을 미치는 요인은 개인적인 요인과 사회문화적인 요인으로 나눌 수 있다.

■ 개인적인 요인

❖ 유전과 영양……성장과 성숙에 영향을 미친다.
❖ 사회적 지지자……부모 · 가족 · 선생님 등 사회적 지지자들이 가지고

있는 운동에 대한 인식과 태도에 따라서 신체활동에 참여할 수 있는
기회가 달라진다.

❖ 심리적인 요인……자기 자신이 가지고 있는 신체적 자긍심과 참여동
기 등이 운동발달에 영향을 미친다.

➜ 사회 · 문화적인 요인

❖ 성역할……남자와 여자의 성역할에 따라서 운동발달이 크게 달라
진다.

❖ 대중매체……운동에 관한 정보를 가장 많이 전달해주는 정보원이 대
중매체이다. 대중매체에서 스포츠 관련 기사의 비중이 높아질수록
대중들의 스포츠활동이 증가한다.

❖ 문화적 배경……그 사람이 속해 있는 사회의 문화가 운동발달에 영향
을 미친다. 동양과 서양의 문화적 배경의 차이가 동양인과 서양인의
운동발달에 영향을 미쳤다.

❹ 운동발달의 단계별 특징

사람이 태어난 다음 늙어서 죽을 때까지 운동능력이 점차적으로 변화
하기 때문에 운동발달 단계에는 일생이 모두 포함되어야 한다. 그러나 10
대까지는 점점 운동능력이 발달되는 변화이고, 그 이후부터는 운동능력
을 유지하거나 쇠퇴하는 변화이기 때문에 운동발달 단계를 소년기까지
만 설명하고, 그 이후는 생략하는 경우가 많다.

사람이 태어나서 죽을 때까지의 시기 구분과 운동발달 단계의 구분은
표 2-2와 그림 2-5와 같다.

▶ 표 2-2 운동발달의 단계별 시기

시기	운동발달 단계
태아기(임신)	반사적 움직임 단계
유아기(0~6월)	반사적 움직임 단계(~1세)
아동 전기(~6세)	초보적 움직임 단계(~2세) 기본적 움직임 단계(~6세)
아동 후기(~12세)	전문화 움직임 단계(~12세)
청소년기(~18세)	성장과세련 단계(~18세)
성인기(~70세)	최고수행 단계(30세 전후)
노년기(70세~)	퇴보 단계(30세~)

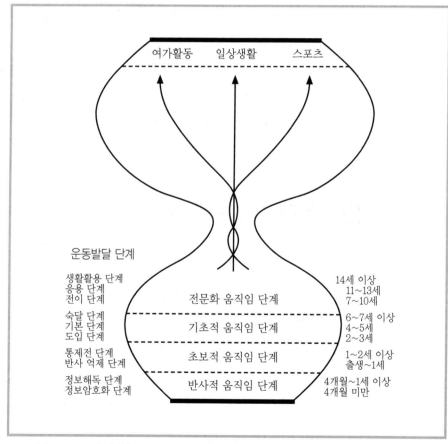

▶ 그림 2-5 갈라휴(David Gallahu)의 운동발달 단계

■ 반사적 움직임 단계

엄마의 뱃속에 있을 때에도 반사적인 움직임을 하고, 출생 이후 약 1세까지는 자기 자신의 의지에 의해서 움직이는 것이 아니고 대부분 반사적인 움직임을 한다. 이러한 움직임은 생명을 유지하기 위해서 본능적으로 수행된다.

❖ 약 8주가 되면 의식적으로 손가락을 사용해서 물건을 잡으려고 하지만, 잘 되지 않는다.

❖ 2~5개월이 되면 눈과 손의 협동동작, 도달동작, 잡기동작 등이 시작된다.

❖ 6개월이 넘으면 물건을 먼저 살펴본 다음에 잡기나 도달하기 동작을 한다.

■ 초보적 움직임 단계

수의적인 움직임을 시작하는 단계로 약 2세까지이다. 이 단계에 나타나는 움직임을 이동운동, 조작운동, 안정성 운동으로 나눈다. 이것은 훗날 전문적인 스포츠 기술로 발전할 수 있는 기초적 움직임의 씨앗이 된다.

이 단계의 운동발달은 예측이 가능하고 시간이 지나면 저절로 발달하는 성숙에 의존하는 경우가 많다. 그리고 운동은 머리에서 꼬리로, 중심에서 말초로, 큰 근육 운동에서 작은 근육 운동으로 발전하는 순서성과 위계성에 따라서 발달한다.

❖ 작은 근육 운동이 발달되기 시작한다. 그립, 시력의 발달, 손가락으로 가리키기, 작은 물건 집기, 이 손에서 저 손으로 물건 옮기기, 글씨 쓰기, 그림 그리기 등이 대표적인 작은 근육 운동이다.

❖ 손으로 물건을 가지고 놀 수 있다. 그러면서 모양, 크기, 무게 등을 이용해서 물건을 구별하는 능력이 길러진다. 이 시기에 오른손잡이와 왼손잡이가 구별된다.

■ 기초적 움직임 단계

아동 전기에 해당되는 2~6세의 어린이들은 운동능력이 눈부시게 발달되는 단계이다. 이 단계에는 신체 인식과 균형 유지 등과 같은 지각운동 능력이 발달되고, 초보적 움직임 단계에서 획득한 운동기술보다 훨씬 발전된 형태의 운동기술을 선보인다.

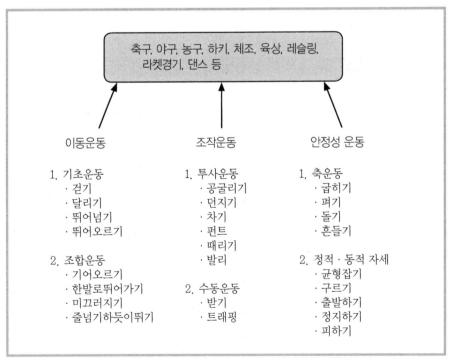

▶ 그림 2-6 기초적 움직임의 분류

이 시기에 발달되는 움직임들 중에 일부가 어떤 이유 때문에 발달하지 못하면 일생을 통해서 만회하기 어려운 경우가 많다. 이 시기에는 다음 단계에서 발달하는 전문화 움직임 단계의 기초가 된다.

❖ 물건을 다섯 손가락 전체가 아닌 세 손가락만으로 집고, 종이를 오리고, 단추를 끼우고, 크레파스로 수직 또는 수평선을 그릴 수 있게 된다.

❖ 감각기관의 능력도 향상되어 나름대로 주위환경을 해석한다.

❖ 인형의 옷을 입히는 등 창의적인 일을 할 수 있게 된다.

■ 전문화 움직임 단계

초등학교에 다닐 나이가 되면 이전에 습득했던 기초적인 움직임 또는 운동기술이 점차 세련되고 효율적인 움직임으로 발전한다. 이 단계를 스포츠기술 단계라고 하는 학자들도 있다.

이 단계에서는 각각의 동작을 서로 연관시켜서 하나의 일관된 동작을 할 수 있게 되고, 스포츠나 레크리에이션에 참여하여 신체활동을 적극적으로 할 수 있게 된다. 관심을 갖는 운동종목이 개인별로 달라지고, 자신이 잘하거나 흥미가 있는 운동을 발전시키려고 노력도 하게 된다.

■ 성장과 세련 단계

일생을 통해서 운동발달이 가장 급격하게 되는 시기 중의 하나이다. 사춘기를 지나면서 성호르몬의 분비가 증가하여 근육과 골격이 급격하게 성장하고, 그에 따라서 운동기술도 더욱 더 발달하게 된다.

남자와 여자의 운동능력 차이가 현저하게 나타나는데, 그 이유는 신체적인 성장에만 기인되는 것이 아니라 사회문화적인 영향도 하나의 원인이다.

■ 최고 수행 단계

25~30세가 되면 근력, 심폐능력, 신경활동 능력 등이 최고로 좋아져서 운동수행을 가장 잘할 수 있는 시기가 된다.

■ 퇴보 단계

개인차는 있지만 남자는 30세, 여자는 25세가 넘으면 생리적인 기능과 신경적인 기능이 1년에 0.5~1%씩 줄어들기 시작한다. 그에 따라서 심혈관계통 기능, 폐호흡 기능, 근육기능, 신경기능, 유연성 등이 점차 감소되고, 체지방이 증가하기 시작한다.

그러나 적극적으로 운동을 하면 퇴보의 양을 줄이거나 속도를 늦출 수 있다.

제3장

스포츠수행의 심리적 요인

01 성격

① 성격의 개념과 구조 ·······························

성격이라는 용어는 로마 시대에 극장에서 배우들이 사용한 가면을 뜻하는 'persona'에서 유래 된 것으로, '한 개인이 다른 사람에게 보이는 특성'을 의미한다. 성격에 대한 연구는 고대 그리스에서부터 시작되었지만, 성격에 대한 정의는 학자들마다 조금씩 다르다.

➜ 성격의 정의

대표적인 성격에 대한 심리학적 정의는 다음과 같다.

❖ 개인이 환경에 독특하게 적응하도록 결정지어주는 심리적 체계의 역동적 조직이다[올포트(Allport), 1937].

❖ 환경에 독특하게 적응하도록 하는 한 개인의 성품, 기질, 지성 등의 안정성 있는 조직이다[아이젱크(Eysenck), 1960].

❖ 한 개인을 독특하고 유일하게 만드는 특징의 총합이다[홀랜더(Hollander), 1967].

❖ 다른 사람과 구별되어 독특한 존재로 변별하여 주는 여러 특성들의 총합이다[와인버그(Weinberg), 1995].

❖ 개인이 접하는 생활상황에 대한 적응특성을 나타내는 사고 · 감정 · 행동 패턴이다[미셸(Mischel), 1976].

❖ 일관된 행동 패턴 또는 개인의 내부에서 일어나는 내적 정신 과정이다[제리버저, 2000].

위와 같은 여러 정의를 살펴보면 성격이란 환경에 대해 개인이 취하는 행동과 관련된 것으로, 사람마다 서로 다른 독특함을 특징으로 하고, 일시적인 것이 아닌 항상성을 지니는 심리적 체계를 의미한다고 할 수 있다.

➜ 성격의 특성

다음은 성격의 특성을 요약하여 설명한 것이다.

❖ **독특성**……같은 환경이라도 개인에 따라 사고하고, 느끼고, 행동하는 것이 다르다.

❖ **일관성**……시간이나 상황이 바뀌어도 그 사람이 사고하고, 느끼고, 행동하는 데에는 비교적 일관성이 있다. 즉 성격은 쉽게 변하지 않는다.

❖ **경향성**……생각하고, 느끼고, 행동하는 그 자체를 성격이라고 하는 것이 아니라 생각하고, 느끼고, 행동하는 가운데에 나타나는 어떤 경향성을 성격이라고 한다.

➜ 성격의 구조

성격이 무엇인지 이해할 수 있는 방법 중의 하나가 성격의 구조를 알아보는 것이다. 성격은 그림 3-1처럼 3겹으로 되어 있다고 한다.

❖ **심리적 핵**……성격의 구조 중에서 가장 안쪽에 있는 것으로 그 사람의 가치관, 적성, 신념, 동기 등을 포함하고 있는 계란의 노른자위에 해당된다.

❖ **전형적 반응**……환경과의 상호작용에 의해서 외부로 표현되는 반응으로 계란의 흰자위에 해당된다. 전형적 반응은 학습된 반응 패턴으로 심리적 핵을 알아볼 수 있는 지표로 이용할 수도 있다. 전형적 반응은 비교적 일관된 반응을 보이지만 상황에 따라서는 정반대의 반

응을 보일 수도 있다.

❖ **역할관련 행동**⋯⋯자신의 사회적 지위나 역할을 감안하여 취하는 행동으로 계란의 껍데기에 해당된다. 성격의 구조 중에서 제일 바깥쪽에 있는 것이기 때문에 상황에 따라 서로 상충되는 반응을 나타내는 경우가 비일비재하다. 예를 들어 같은 사람이 2가지 이상의 역할을 해야 되는 경우에 자신의 역할에 따라 각기 다른 성격의 사람인 것처럼 행동할 수도 있다.

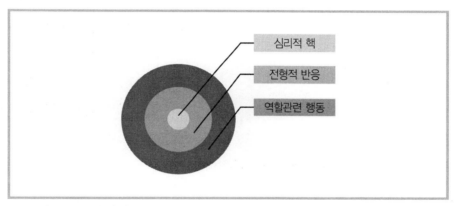

▶ 그림 3-1　성격의 구조

❷ 성격 이론

　성격에 대한 이론은 관점에 따라 그림 3-2와 같이 특성 이론과 과정 이론(현상학적 이론)으로 구분한 다음 그 하부 이론들을 분류할 수 있다. 특성 이론은 개인의 성격특성을 결정짓는 요소를 구분하고, 그 요소에 따라서 성격이 어떻게 다른지 특성을 설명하는 이론이고, 과정 이론 또는 현상학적 이론은 개인의 성격이 어떻게 해서 형성되느냐에 관심을 갖는 이론이다.

여기에서는 특성 이론과 과정 이론을 따로 구분짓지 아니하고 널리 알려진 몇 가지 이론만을(그림 3-2에서 밑줄친 것만) 간략하게 설명하기로 한다.

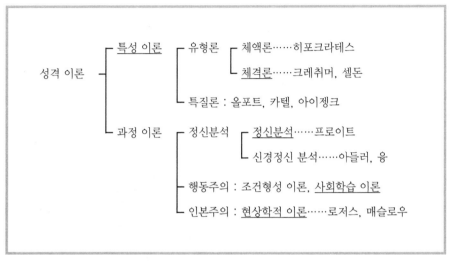

▶ 그림 3-2   성격 이론의 분류

■ 특성 이론

특성 이론은 카텔(R. B. Cattell)의 16개 성격 지표나 노먼(W. Norman)의 5가지 성격 특성 요소와 같이 성격의 특성을 결정짓는 요소를 구분하고, 이에 따라 개인의 성격을 기술하는 이론이다.

특성 이론은 학자마다 성격 요소의 개수가 다르지만 개인의 성격특성이 비교적 오래 동안 유지된다고 보고, 특정한 개인이 어떠한 성격 요소에 더 큰 영향을 받아 행동하게 되는지에 따라 성격유형을 분류한다.

우리나라와 일본에서 대중적으로 알려져 있는 혈액형에 따른 성격 구분은 과학적으로 아무런 근거도 없다.

■ 심리역동 이론(신경정신분석적 접근)

심리역동 이론은 프로이트(S. Freud)가 주장한 이론이다. "인간의 성격은 원초적인 나(id), 현실적인 자아(ego), 자기 통제로 나타나는 초자아(super ego)가 혼합되어서 구성되어 있고, 그 3가지 '나'가 끊임없이 갈등과 타협을 하는 상호작용에 의해서 인간의 행동이 지배된다."고 보는 이론이다.

원초적인 나는 본능적인 욕망과 욕구로 먹고 싶고, 자고 싶고, 때려주고 싶고, 의지하고 싶은 모든 욕구를 다 포함한다. 원초적인 나가 강한 성향인 사람을 쾌락적인 인간이라고 부른다.

원초적인 욕망과 욕구만을 쫓으면서 살다가 현실을 경험하면서 쾌락을 통제하고 주위 사람들의 눈치를 살피는 눈치 있는 인간이 되는 성격 원리가 자아(id)이다. 마지막으로 인간이 자신을 평가하고 비판하며, 도덕적 행동을 하게 되는 성격 원리가 초자아(super ego)이다.

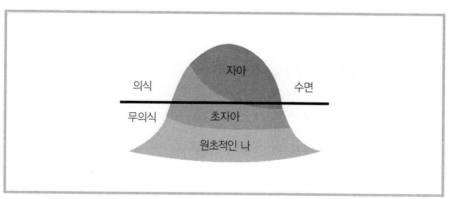

▶ 그림 3-3   원초적인 나, 자아, 초자아의 관계

■ 체형 이론

체격 이론이라고도 부르는 이론으로, 셀돈(W. H. Sheldon)과 크레취머 (E. Kretschmer)가 주장하였다. 체형이나 체격은 유전과 깊은 상관이 있고, 성격은 체형 또는 체격과 아주 깊은 관련이 있다는 가정에서 출발한다.

그들은 인간의 체형을 비만형, 근육형, 세장형으로 구분하고, 각 체형에 상응해서 표 3-1과 같이 내배엽형, 중배엽형, 외배엽형의 성격이 있다고 주장한다.

▶ 표 3-1 체형 이론

체형		성격	
구분	특징	구분	특징
세장형	키가 크고 마른 체형	외배엽형	긴장 사회적 고립
근육형	근육이 발달된 체형	중배엽형	강한 모험심 격렬한 신체활동
비만형	뚱뚱하고 둥근 체형	내배엽형	사교적 애정

■ 욕구위계 이론

욕구위계 이론은 매슬로우(A. H. Maslow)가 주장한 이론이다. 그는 성격의 본질은 인간의 내적 욕구체계에 의해서 결정되고, 인간에게는 그림 3-4처럼 5가지 욕구가 위계적으로 존재한다고 주장하였다.

이것은 인간의 욕구는 성적 욕구 · 배고픔 · 공격성 등과 같은 생리적 욕구, 위험으로부터 도망가거나 안전을 보장받으려 하는 안전의 욕구, 누군가를 사랑하고 사랑받고 싶어 하는 애정의 욕구, 다른 사람이나 단체로부터 인정이나 존경받고 싶어 하는 존중의 욕구, 자아를 실현하려고 하는 자아실현의 욕구 등이 순서대로 있는데, 개인마다 욕구의 수준이 다르기 때문에 행동이 다르게 나타난다는 이론이다.

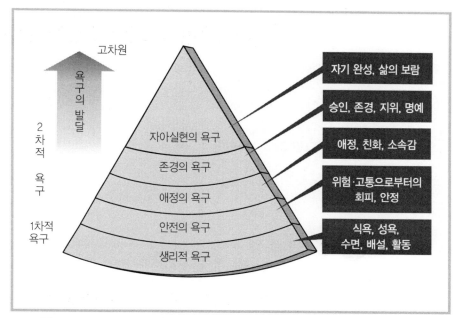

▶ 그림 3-4   매슬로우의 욕구 이론

■ 사회학습 이론

사회학습 이론은 반두라(A. Bandura)가 주장한 이론이다. 인간의 행동은 개인 내에 있는 일관되고 안정적인 특성들에 의해서 결정되는 것이 아니라, 사회에서 학습한 것과 개인이 처한 상황의 상호작용에 의해서 결정된다고 본다.

반두라는 대부분의 사람들이 다른 사람의 행동을 관찰하고, 모방하고, 학습하며, 자신의 행동 결과에 대한 사회적 피드백에 의해서 강화되거나 감쇄된다고 주장하였다.

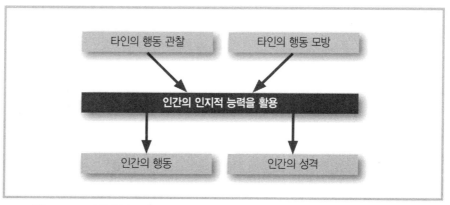

▶ 그림 3-5   사회학습 이론

❸ 성격의 측정

어떤 사람이 스포츠 상황에서 어떤 행동을 보이는 것을 설명하거나, 어떤 행동을 보일 것인지를 예측하기 위해서는 그 사람의 성격을 알아야 한다. 그러나 사람의 성격을 측정한다는 것이 쉬운 일은 아니다.

성격을 측정하는 방법은 크게 면접법, 질문지법, 투사법으로 나눈다.

■ 면접법

면접법은 조사자가 측정 대상자와 인터뷰를 하고 관찰한 다음 그 사람이 어떤 성격의 소유자라고 평정(점수를 매기는 것)하므로 평정척도법이라고도 한다.

이 방법을 사용할 때에 가장 주의해야 할 점은 인터뷰하는 동안에 조사자의 생각(주관)이 들어가지 않도록 하는 것이다. 그러기 위해서는 질문

내용을 미리 구조화해서 객관성을 높여야 할 뿐 아니라 조사자의 인터뷰 기술도 뛰어나야 한다.

질문지법

질문지법은 미리 작성해놓은 구조화된 질문지를 대상자에게 나누어 주고, 대상자가 자신에게 해당되는 응답을 하면 채점해서 그 사람의 성격을 판단하는 방법이다. 이때 타당도와 신뢰도가 검증된 질문지를 사용해야 한다. 자신이 응답한다고 해서 '자기보고 검사'라고도 한다.

다음과 같은 질문지가 많이 쓰이고 있다.

❖ 다면적 인성 검사(MMPI)……미네소타 대학의 정신과와 심리학과 교수들이 만든 것으로, 12가지 요인을 측정한다.

❖ 카텔의 성격요인 검사(16 PF)……16가지의 성격 요인을 측정할 수 있도록 만들어진 질문지로, 카텔(R. B. Cattell)이 만들었다.

❖ 성격유형(MBTI) 검사……마이어스(Myers)와 브릭스(Briggs)가 개발한 성격유형 검사이다. 4가지 항목(에너지 방향, 인식기능, 판단기능, 생활양식)을 각각 2가지 유형으로 나누어서 총 16가지 유형으로 성격을 분류한다(그림 3-6).

❖ 아이젱크의 성격차원 검사(EPI)……아이젱크(H. J. Eysenck)가 만든 질문지로, 내향성/외향성과 안정성/불안정성의 2차원으로 성격을 측정한다(그림 3-7).

❖ 성격5요인 검사(Big Five)……성격의 공통적인 특성 5가지(성실성, 안정성, 외향성, 개방성, 우호성)에 대한 질문에 답하게 하여 점수에 따라서 그 사람의 성격유형을 판단하는 것이다(표 3-2).

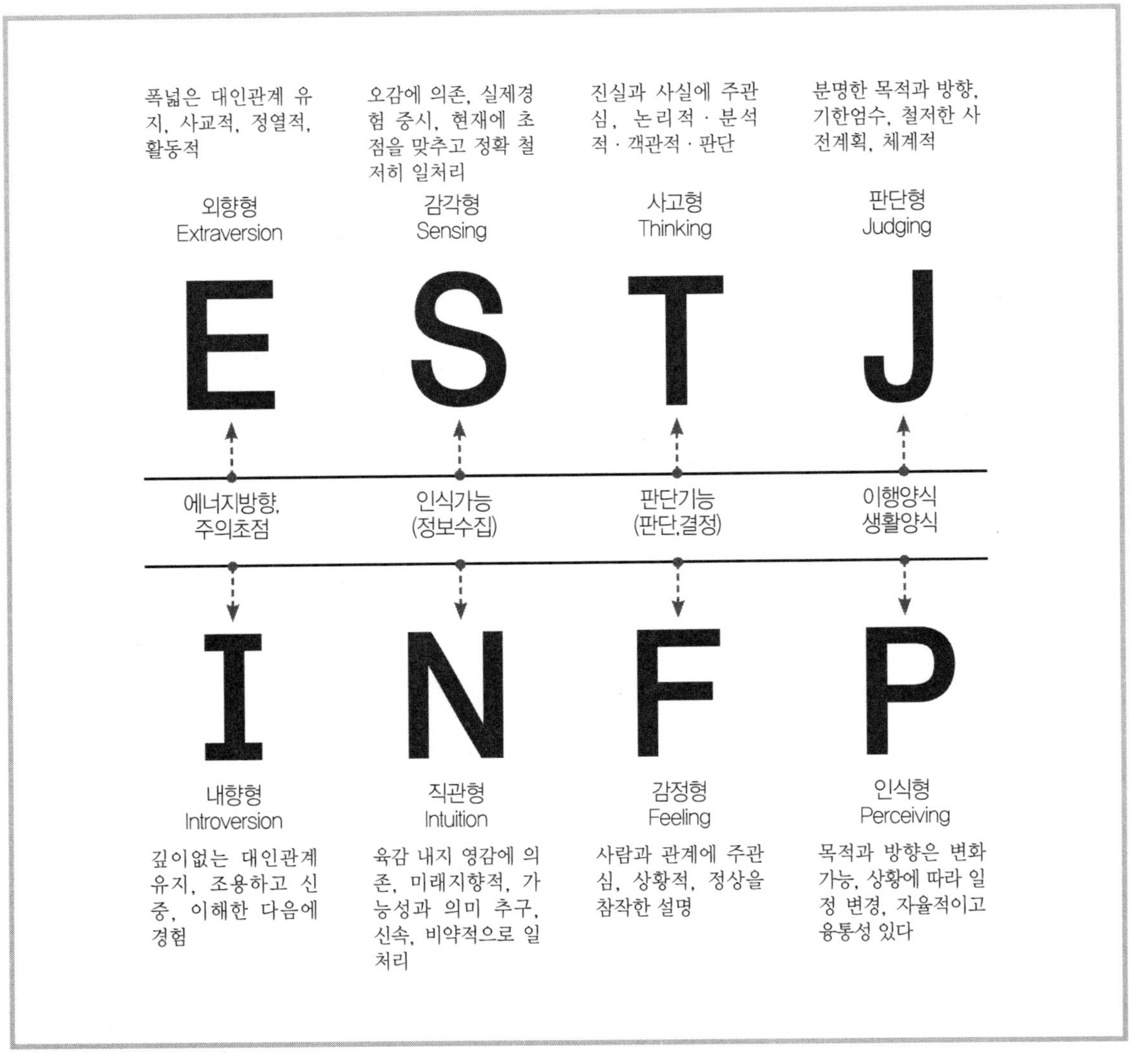

폭넓은 대인관계 유지, 사교적, 정열적, 활동적

오감에 의존, 실제경험 중시, 현재에 초점을 맞추고 정확 철저히 일처리

진실과 사실에 주관심, 논리적·분석적·객관적·판단

분명한 목적과 방향, 기한엄수, 철저한 사전계획, 체계적

외향형
Extraversion

감각형
Sensing

사고형
Thinking

판단형
Judging

E S T J

에너지방향,
주의초점

인식가능
(정보수집)

판단기능
(판단,결정)

이행양식
생활양식

I N F P

내향형
Introversion

직관형
Intuition

감정형
Feeling

인식형
Perceiving

깊이없는 대인관계 유지, 조용하고 신중, 이해한 다음에 경험

육감 내지 영감에 의존, 미래지향적, 가능성과 의미 추구, 신속, 비약적으로 일처리

사람과 관계에 주관심, 상황적, 정상을 참작한 설명

목적과 방향은 변화가능, 상황에 따라 일정 변경, 자율적이고 융통성 있다

▶ 그림 3-6 MBTI 성격 검사

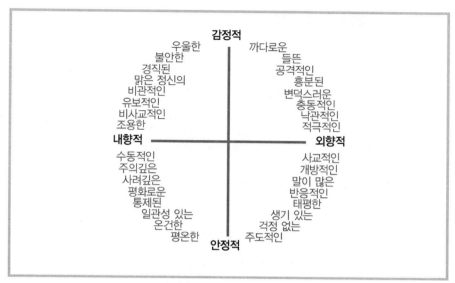

▶ 그림 3-7　아이젱크의 성격 분류

▶ 표 3-2　성격 5요인 검사

높은 점수	특성	낮은 점수
침착, 이완, 안정	정서적 안정성	걱정, 초조, 변덕
사교적, 적극적 사람 중심	외향성	말수 적음, 냉정함, 과업 중심
상상력 풍부, 호기심 많음, 독창적	개방성	관습적, 예술적이지 않음, 분석적이지 않음
마음여림, 성격좋음, 도움을 잘줌, 잘 속음	우호성	냉소적임, 무례함, 비협조적, 의심이 많음
체계적임, 믿음직함, 근면, 시간을 잘 지킴	성실성	목적없음, 믿을 수 없음, 게으름, 의지가 약함

■ 투사법

애매한 그림이나 해석하기 곤란한 과제를 주고 그에 대한 반응을 분석해서 개인의 성격을 진단하는 방법이다. 이 방법은 애매한 자극에 대한 반응을 구조화할 때 그 사람의 성격의 심리적 핵이 가장 잘 드러난다는 가정 밑에서 만들어졌지만, 피험자가 일부러 반응을 왜곡시킬 수도 있다는 비판을 받고 있다.

투사법에는 다음과 같은 검사방법들이 있다.

❖ 로르샤흐의 잉크반점 검사……스위스의 정신과 의사 로르샤흐(Rorschach)가 개발한 방법으로, 잉크 얼룩으로 그림을 그려 놓은 10장의 카드를 보여주면서 무엇같이 생겼는지 물어보고, 피험자가 대답을 하면 그렇게 대답한 이유를 물어서 그 사람의 성격을 알아낸다(그림 3-8).

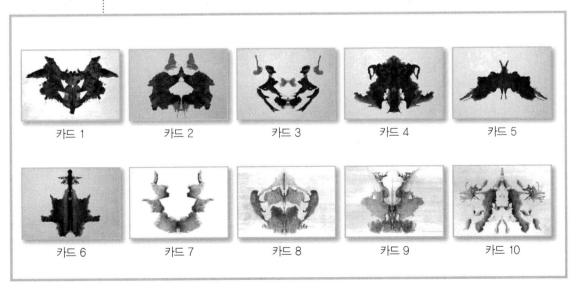

카드 1   카드 2   카드 3   카드 4   카드 5

카드 6   카드 7   카드 8   카드 9   카드 10

▶ 그림 3-8   로르샤흐의 잉크반점 검사

❖ **주제통각 검사(TAT)**······하버드대학 임상실험실에서 개발한 것으로 주제통각 검사 또는 테마해명 검사라고도 한다. 20~30장의 그림을 보여주고 이야기를 꾸며내라고 한 다음, 그 이야기의 주제(테마)를 어떻게 지각(통각)하고, 어떻게 이야기를 전개해나가는지(해명하는지)를 분석해서 그 사람의 성격을 알아낸다.

❹ 성격과 경기력의 관계 ·······························

성격과 경기력의 관계에서 관심을 갖는 것은 "성격에 따라 운동종목이나 포지션을 선택할까?", 반대로 "운동종목이나 포지션에 따라 성격이 변할까?", 아니면 "운동종목이나 포지션과 성격은 아무런 관계도 없을까?", "우수선수와 비우수선수 사이에는 성격에 차이가 있을까?" 등의 물음에 대한 해답을 얻는 것이다.

다음은 위의 질문들에 대한 분석 결과를 종합한 것이다.

■ 운동선수와 일반인의 성격 비교

❖ 운동선수가 일반인에 비하여 외향적이고 불안 수준이 낮다.

❖ 운동선수가 일반인에 비하여 자신감이 높고, 경쟁적이며, 사회성이 탁월하다.

❖ 운동선수가 일반인보다 지적이다.

종합하면 운동선수와 일반인 사이에 성격 차이가 있기는 하지만 분명한 것은 아니다.

스포츠 종목별 성격 비교

❖ 단체경기 선수는 개인경기 선수보다 불안이 높고, 의존심이 강하며, 외향적이다.

❖ 신체 접촉이 있는 종목의 선수는 신체 접촉이 없는 종목의 선수보다 독립적이고 이기심이 적다.

종합하면 스포츠 종목 간에는 성격 차이가 있지만, 일관성이 있는 결과를 보이지 못하고 있다.

남자선수와 여자선수의 성격 비교

❖ 여자선수들이 일반인보다 성취 지향적이고 독립적이다.

❖ 여자선수들이 일반인보다 공격적이고 정서적으로 안정되어 있으며, 완강하다.

❖ 위의 2가지 결과가 남자선수에게서도 나타났다.

결과적으로 남자선수와 여자선수 사이에는 성격 차이가 없다.

포지션별 성격 비교

❖ 배구 · 럭비 · 핸드볼 종목에서 공격선수가 수비선수보다 정서적으로 불안정하고 외향적이다.

❖ 배구의 세터는 다른 포지션의 선수보다 넓은 내적 주의집중 형태를 가지고 있다.

❖ 미식축구에서 라인스맨은 백필더보다 더 조직적이고 실제적이다.

❖ 미식축구에서 백필더는 라인스맨보다 유연하고 적응적이다.

종합하면 포지션 간에는 성격 차이가 있지만, 연구가 종합적 · 체계적이지 못하다.

■ 기술 수준별 성격 비교

❖ 세계적인 선수와 국가대표급 선수 사이에는 성격 차이가 없다.

❖ 국가대표급 선수와 클럽선수 사이에는 성격 차이가 없다.

❖ 세계적인 선수와 클럽선수 사이에는 성격 차이가 있다.

종합하면 경기력 수준이 올라갈수록 성격특성이 비슷해지는 반면에 경기력 수준이 낮을수록 성격특성이 이질적이다.

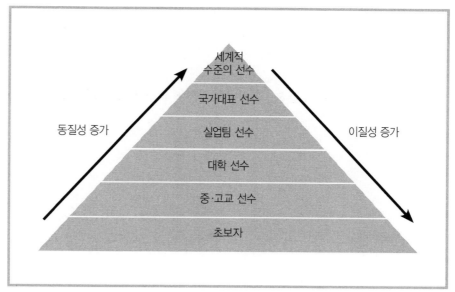

▶ 그림 3-9   성격 피라미드

우수선수와 비우수선수의 성격 비교

❖ 우수선수는 비우수선수보다 활력이 더 크다.

❖ 나머지 성격 변인들은 우수선수가 비우수선수보다 낮다.

종합하면 우수선수는 비우수선수에 비하여 빙산형 성격 프로파일을 가졌다.

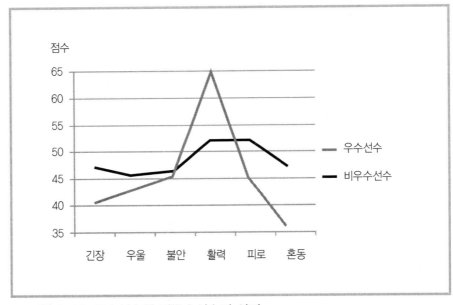

▶ 그림 3-10 우수선수와 비우수선수의 성격

02 정서와 시합불안

❶ 재미와 몰입

　　재미 또는 즐거움이란 어떤 보상이나 목적을 기대하지 않는 상태에서 활동 자체에서 즐겁거나 흥미로움을 느끼는 긍정적인 심리 상태이고, 개인이 주관적이면서 객관적으로 느끼는 감정 상태라고 할 수 있다.

　　스포츠활동에서 재미 또는 즐거움을 느끼게 되는 요인에는 개인의 내적 요인(지각된 능력, 숙련도, 목표성향), 상황적 요인(경쟁 결과, 성취 과정, 인정받음), 그리고 주요 타자의 요인(동료 · 지도자 · 부모로부터의 긍정적인 지각) 등이 있다.

　　몰입(沒入, flow)은 주위의 모든 잡념 · 방해물들을 차단하고, 어느 한 곳에 자신의 모든 정신을 집중하는 것이다. 몰입은 최상의 수행 상태에서 개인이 주관적으로 경험하는 것으로 절정의 체험, 무아경, 황홀경 등으로 표현한다.

　　헝가리의 심리학자 칙센트미하이(M. Csikszentmihalyi)는 몰입했을 때의 느낌을 '물 흐르는 것처럼 편안한 느낌', '하늘을 날아가는 자유로운 느낌'이라고 하였다. 일단 몰입을 하면 몇 시간이 한순간처럼 짧게 느껴지는 시간의 왜곡 현상이 생기고, 자신이 몰입하는 대상이 더 자세하고 뚜렷하게 보인다. 몰입대상과 하나가 된 듯 일체감을 가지며 자아에 대한 의식이 사라진다.

　　그림 3-11은 칙센트미하이가 개인의 기량 수준과 도전 수준에 따라서 느끼는 감정(정성)이 변하는 것을 그림으로 표현한 것이다.

　　기량이 높은 사람이 높은 수준의 수행에 도전하면 몰입을 경험하게 되

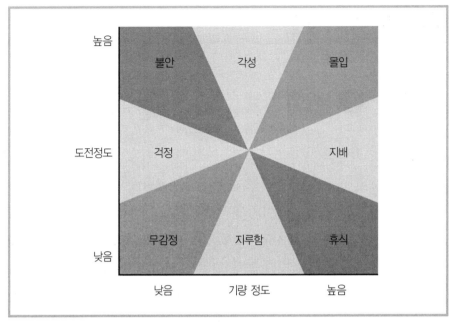

▶ 그림 3-11 칙센트미하이의 몰입 모형

고, 반대로 기량이 낮은 사람이 낮은 수준에 도전하면 아무런 의욕이나 감정이 없어져 '되고 말면 만다'는 식으로 임하게 된다는 것을 알 수 있다.

기량이 낮은 사람이 높은 수준의 수행에 도전하면 실패할 것이 예상되기 때문에 불안해 하고, 기량이 높은 사람이 낮은 수준의 수행에 도전하면 설렁설렁 쉬면서 하게 된다.

❷ 정서 모형과 측정

정서(情緒, emotion)란 개인이 현재 갖고 있는 감정 상태로, 신체적인 변화를 수반하면서 일시적으로 일어나는 정신적ㆍ생리적 상태이다. 정서는 주관적 경험으로 대개 기분, 기질, 성격 등과 관련이 있다. 즉 정서는 어떤 자극에 대한 사전 또는 사후의 심리적 반응으로 관찰되는 것이 아니라 추론되는 것으로, 감정 · 느낌 · 기분 등과 혼용되는 경우가 많다.

정서의 이론적 모형

톰킨스(Tomkins)는 기쁨, 슬픔, 분노, 놀람, 공포, 혐오, 흥미, 수치심 등을 8가지 기본 정서라고 하였고, 플루칙(R. Plutchik)은 기본 정서가 이웃한 정서와 합하여 새로운 혼합 정서를 만들어낸다고 하였다(그림 3-12).

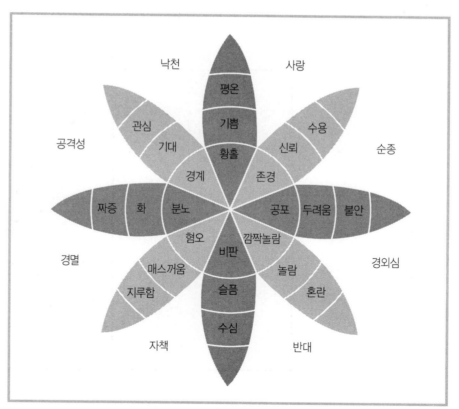

▶ 그림 3-12 플루칙(Plutchik)의 감정의 바퀴

❖ **색상환 모형**……빨강·파랑·노랑 3가지 물감은 섞는 비율에 따라서 여러 가지 색깔이 나타나듯이 인간에게는 6가지 또는 8가지의 기본 정서가 있는데, 그 기본 정서들이 혼합되는 강도에 따라 여러 가지 정서가 나타난다고 본다.

❖ **2차원 모델**……메라비언(A. Mehrabian)은 인간의 정서는 각성과 비각성, 쾌와 불쾌의 2차원 구조로 되어 있다고 주장하였고, 러셀(B. Russell)은 쾌-불쾌와 각성-비각성의 2차원 구조로 되어있다고 주장하였다(그림 3-13).

❖ **원형 모델**……인간의 정서는 고활성과 저활성, 쾌와 불쾌로 나타나는 유인가로 구성되어 있다고 주장하는 이론이다.

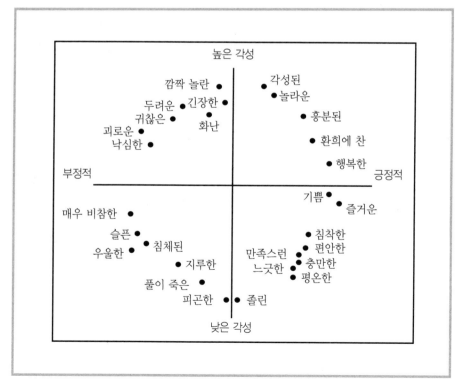

▶ **그림 3-13** 메라비언(A. Mehrabian)의 2차원 모델

■ 정서의 측정

정서 상태를 측정할 수 있는 방법에는 다음 3가지가 있다.

❖ **자기보고(질문지법)**······자신의 정서 상태를 보고하는 것. 돈이 안 들고 측정하기 쉽다. 속이면 알 수 있는 방법이 없다.

❖ **행동관찰**······다른 사람들이 행동을 보고 그 사람의 정서를 추론한다. 행동에는 얼굴·음성·표정 등도 포함된다. 관찰자에 따라 다르게 평가할 가능성이 높다.

❖ **생리적 측정법**······정서를 경험할 때 나타나는 생리적 변화를 정서의 지표로 활용한다. 예 : 땀, 맥박, 피부저항, 뇌전도(EEG), 양전자사진(PET scan), 기능성MRI, 폴리그래프(Polygraph) 등. 시간과 비용이 많이 든다. 가장 정확할 것이라고 믿기 쉽지만 타당도에 문제가 있다. 즉 뇌의 활동 변화가 그 사람의 정서상태의 변화에서 기인한 것인지가 분명하지 않다.

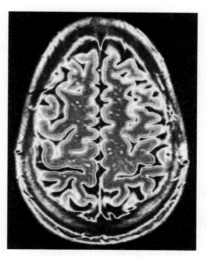

▶ 그림 3-14 뇌의 활성화 사진

❸ 불안 ···

■ 각성 · 스트레스 · 불안의 개념

우리가 활동하기 위해서는 두뇌가 깨어 있어야 한다. 잠을 잘 때에도 뇌가 정지하여 있는 것이 아니라 다른 때에 비하여 활동이 적을 뿐이다. 뇌가 완전히 멈추는 것은 사망한 때뿐이다.

그러므로 뇌가 활동하는 정도를 나타낼 수 있는 방법이 있어야 하는데, 보통은 뇌파의 주파수로 표현한다. 즉 뇌가 완전히 깨어서 열심히 활동할 때에는 뇌파의 주파수가 많은데, 그 상태를 알파 스테이트(상태)라 한다. 반면 깊이 잠들었을 때가 뇌의 주파수가 가장 적은데, 그 상태를 감마 스테이트라고 한다.

그래서 뇌가 활동하는 정도를 차례로 알파→베타→세타→감마 스테이트라고 하지만, 심리학에서는 '각성 수준이 높다' 또는 '각성 수준이 낮다'라는 식으로 표현한다. 즉 각성 수준은 '뇌가 깨어서 활동하는 정도'라고 할 수 있다.

외부에서 압력을 받으면 긴장, 흥분, 각성, 불안 같은 심리/생리 반응이 일어나는데, 이런 외부 압력을 스트레스 요인이라고 하고, 여기서 벗어나 '원상 복귀하려는 반작용'을 스트레스라 한다. 즉 스트레스는 스트레스 요인에 대처해서 평온한 상태를 유지하려고 반응하는 과정이다.

과도한 '스트레스 요인'에 부딪치면 그 것을 해결하려는 동기 수준이 지나치게 높아져서 불안을 일으키고, 그 불안 때문에 신체가 떨리는 등의 반응을 일으켜서 문제 해결을 간접적으로 방해하는 효과를 가져온다. 예를 들어 위험한 상태에 처해 있을 때 말을 더듬고 손발이 떨리는 등 평소에 가지고 있던 문제해결 능력 이하의 반응을 보이게 된다.

스트레스는 신체적 · 정신적 건강에 나쁜 영향을 미치는 불쾌한 스트레스도 있고, 좋은 영향을 미치는 유쾌한 스트레스도 있다. 그에 반해서 불안은 자신의 능력으로 어떻게 할 수 없는 부정적인 상태와 연결되어 있기 때문에 신체적 · 정신적 건강에 이로운 영향을 미치는 일이 없다.

■ 불안의 종류

불안은 근심 · 걱정 · 우려 등과 같은 부정적인 생각뿐만 아니라, 맥박과 호흡이 빨라지고 땀이 나는 등 생리적인 변화도 생긴다. 전자를 인지적 불안이라 하고, 후자를 신체적 불안이라고 한다.

같은 상황에서도 어떤 사람은 매우 불안해하는 데 반하여 어떤 사람은 전혀 불안을 느끼지 않는다. 예를 들어 5층 아파트 옥상에 올라갔을 때 심하게 불안을 느끼는 고소공포증 환자는 그 사람의 특성 때문에 불안을 느끼는 것이기 때문에 그것을 특성불안이라고 한다.

그러나 번지점프대 위에서 뛰어내리기 직전에는 아무리 강심장인 사람이라도 불안을 느끼게 된다. 이것은 일시적으로 특수한 상황에 처해 있기 때문에 느끼는 불안이라고 해서 상태불안이라고 한다. 상태불안은 불안을 느꼈던 상태가 변화되어서 안정적인 상태가 되면 자동적으로 불안이 사라진다.

❖ **특성불안**……선천적으로 타고난 자신의 성격 때문에 생기는 불안. 또는 객관적으로 비위협적인 상황을 위협적인 상황으로 지각하여 불안반응을 나타내는 개인적인 행동경향이라고 정의한다.

❖ **상태불안**……어떤 상황에 처했을 때 일시적으로 느끼는 불안. 또는

특정한 상황에서 개인이 경험하는 정서 상태로 자율신경계의 활성화 또는 각성을 동반하는 걱정과 긴장된 느낌이라고 정의한다.

상태불안 중에서 운동경기에 임하는 선수가 갖는 불안은 스포츠 경기라는 특수한 상황에서 생기는 상태불안이지만, 그것을 특별히 경쟁불안이라고 한다.

그런데 같은 경기를 하는데도 어떤 선수는 경쟁불안을 심하게 느끼고 어떤 선수는 경쟁불안을 느끼는지 안 느끼는지 알 수 없을 정도로 미미한 선수도 있다. 이런 경우의 경쟁불안은 선수의 특성에 따라서 불안의 정도가 달라지기 때문에 경쟁특성불안이라 한다. 시합결과에 따라 명예나 금전 등에 큰 차이가 나게 되는 중요한 시합 상황에서는 참가한 선수 전체가 비슷하게 불안을 느끼기 때문에 경쟁상태불안이라고 한다.

❖ **경쟁특성불안**……경쟁적인 상황 또는 시합상황을 다른 선수들 보다 더 위협적인 상황으로 지각하고 우려와 긴장의 감정으로 반응하려고 하는 개인적인 특성 때문에 생기는 경쟁불안이다.

❖ **경쟁상태불안**……특별한 경쟁상황 또는 시합상황 때문에 생기는 불안이다. 즉 일반적인 상태불안 중에서 스포츠 상황에서 발생한 상태불안이다.

■ 경쟁불안이 생기는 원인

시합상황이 되면 선수들은 모두 어느 정도의 경쟁불안을 경험하게 된다. 다음은 마텐스(R. Martens)를 비롯한 많은 학자들이 경쟁불안이 생기는 원인에 대하여 연구한 결과를 요약한 것이다.

❖ 내가 만약 이 시합에서 진다면 다른 선수나 관중들이 나를 어떻게 볼까? (나 자신의 체면), 또는 부모님이나 선생님 등 나를 아끼는 분들은 얼마나 실망할 것인가? (기대감에 대한 부응) 등과 같은 실패에 대한 공포가 경쟁불안을 불러일으키는 원인이다.

❖ 자신감의 결여 또는 자신에 대한 부정적인 평가가 경쟁불안의 원인으로 작용한다. 상대선수와 경기를 해서 내가 이길 자신이 있으면 즐거운 마음으로 편안하게 경기에 임할 수 있고, 그러면 평소보다 더 훌륭한 기량이 발휘된다. 그러나 반대로 내가 이길 자신이 없으면 억지로 더 잘 하려고 하기 때문에 평소에 잘 하던 것도 안 되고, 그러면 짜증만 나게 된다.

❖ 시합에서 사용하는 운동기구 또는 운동용구가 평소에 자신이 사용하던 것과 다르거나 운동시설이 마음에 들지 않으면 시합에 대한 불안이 생긴다. 운동용기구나 시설에 대한 부적감뿐만 아니라 심판에 대한 부적감 내지 불만도 경쟁불안의 원인 중 하나이다.

■ 경쟁불안의 측정방법

스포츠상황에는 언제나 경쟁적인 요소가 포함되어 있기 때문에 경쟁불안을 피할 수 있는 방법은 없다. 따라서 최대의 경기력을 발휘하려면 부정적인 영향을 미치는 경쟁불안을 효율적으로 통제해야 한다.

그러기 위해서는 선수 개개인이 느끼는 불안의 수준이 어느 정도인지 측정해서 알아야 한다. 경쟁불안을 측정하는 방법에는 행동적 측정방법, 생리적 측정방법, 심리적 측정방법이 있다.

❖ 행동적 측정방법……시합 전후에 나타나는 선수의 행동적 특징을 관

찰해서 기록하고 분석하는 방법이다. 불안해졌을 때 개인에게 나타나는 행동적인 증상으로는 가슴의 두근거림, 근육의 긴장, 빠른 호흡, 심박수의 증가, 안절부절함, 목과 목구멍이 마르고 타는 느낌, 식은땀, 위경련, 잦은 배뇨, 떨림, 혼란스러움, 현기증, 집중력의 저하, 불합리하게 화를 내는 것 등이 있다.

❖ **생리적 측정방법**……위협적인 환경자극이 주어지면 개인은 정서적으로 우려와 긴장 상태가 되고, 자율신경계의 활성화에 의해서 생리적 반응이 동반된다. 불안하면 소변, 혈압, 심박수, 근육의 긴장, 뇌파, 전류에 대한 피부 저항, 호르몬 등이 변하기 때문에 그것 중에서 한두 가지를 측정해서 분석하는 방법이다.

❖ **심리적 측정방법**……불안을 직접적으로 관찰할 수 없기 때문에 불안을 경험하고 있는 선수 자신이 질문지에 답한 것을 보고 불안을 측정하는 방법이다. 스포츠와 관련된 불안 심리검사지로는 1953년에 테일러(J. Taylor)가 개발한 MAS(표명불안척도)가 최초이다.

그런데 MAS는 특성불안만 측정할 수 있고 상태불안은 측정할 수 없었기 때문에 스필버거(C. D. Spielberger)가 1963년에 STAI(상태불안검사지)를 개발하였다. STAI는 일반인을 위한 검사지였기 때문에 마텐스(Martens)는 1977년에 SCAT(스포츠경쟁불안검사지)을 개발하였다.

SCAT은 스포츠상황에서 특성불안만 측정하고 상태불안은 측정할 수 없었기 때문에 마텐스 등이 1980년에 다시 CSAI(경쟁상태불안검사지)를 개발하였다. 마텐스 등은 다시 CSAI를 보완 수정해서 1990년에 CSAI-2를 개발하였다. CSAI-2는 27개 문항으로 구성되어 있으며, 근래에 가장 많이 사용되는 검사지이다.

❹ 스트레스와 탈진

셀리에(H. Selye)에 의하면 스트레스는 '내 · 외적 압력에 의해서 유기체 내에서 일어나는 불특정적인 반응'이다. 즉 유기체가 어떤 압력을 받으면 그 압력에 대항해서 어떤 반응을 일으키는데, 그 반응이 특징은 없지만 스트레스 요인에 따라서 일반적이고 일관된 징후를 보인다는 것이다.

스트레스는 유쾌한 스트레스와 불쾌한 스트레스로 나눌 수 있다. 가볍고 자신이 조절할 수 있는 스트레스를 유쾌한 스트레스라고 하는데, 유쾌한 스트레스는 상쾌한 자극으로 작용해서 정서발달과 지적발달에 도움이 된다. 그에 반하여 장기적이고 자신의 능력으로는 어떻게 할 수 없는 스트레스를 불쾌한 스트레스라고 하는데, 불쾌한 스트레스는 면역체계를 약화시켜 질병이나 탈진으로 발전한다고 한다.

직업이나 스포츠에서 불쾌한 스트레스가 장기간 동안 계속해서 쌓이면 생리적 · 심리적으로 완전히 지쳐버린 상태가 되는데, 그것을 탈진이라고 한다. 탈진이 되면 신체적 · 정신적 피로감, 성취의욕의 저하, 자기비하, 타인과의 괴리감, 정서의 고갈 등이 수반된다.

스포츠에서 탈진이 되는 원인에는 과훈련, 지나친 목표성향과 동기, 완벽주의 등이라고 알려져 있다. 스포츠 탈진에서 벗어나기 위한 대처방법은 다음과 같은 것들이다.

❖ 건강과 에너지(health and energy)⋯⋯건강하고 튼튼한 사람은 약하고 아픈 사람보다 스트레스 상황에 에너지를 더 많이 투입할 수 있다.

❖ 긍정적 신념(positive belief)⋯⋯자신을 긍정적으로 보는 것이 대처에 매우 중요한 심리적 자원이 된다. 스트레스에 대처하는 능력은 개인이 바라는 결과를 성공적으로 얻어낼 수 있다고 믿을 때 증진된다.

- ❖ 문제해결 기술(problem solving skills)……문제해결 기술은 폭넓은 경험, 개인이 보유한 지식, 그 지식을 사용하는 인지적·지적 능력 및 자기 통제력과 같은 다른 자원들을 활용하는 것이다. 문제해결 기술을 더 많이 가진 사람이 그렇지 않은 사람보다 스트레스를 더 잘 관리할 수 있다.

- ❖ 물질적 자원(material resources)……금전적 자원이 있으면 스트레스 상황에 대처할 수 있는 선택안이 많아진다. 돈을 많이 가진 사람은 법적·의학적·재정적 및 다른 전문적 도움에 훨씬 더 효과적으로 접근할 수 있기 때문이다.

- ❖ 사회적 기술(social skills)……사회적 기술은 사회적으로 적절하고 효율적인 방식으로 타인들과 의사소통을 하고 행동하는 능력을 말한다. 사회적 기술은 타인과 협동하여 문제를 해결하도록 돕고, 타인의 협동 또는 지지를 얻을 가능성을 증가시키며, 사회적 상호작용에 대해 더 많은 통제를 할 수 있도록 도와준다.

- ❖ 사회적 지지(social support)……사회적 지지는 한 개인이 다른 사람들로부터 받는 다양한 물질적·정서적 지원을 말한다. 친구나 가족 등으로부터 지지를 받는 사람은 지지가 부족한 사람보다 건강하게 오래 살 수 있다.

❺ 경쟁불안과 경기력의 관계(이론)

경쟁불안이 경기수행에 부정적인 영향을 미친다는 것이 알려진 이후부터 수많은 심리학자들이 경쟁불안이 생기는 원인과 그것을 해소할 수 있는 방안에 대하여 연구하여 왔다.

다음은 경쟁불안과 경기력의 관계를 설명하는 여러 가지 이론들이다.

■ 추동(욕구) 이론

욕구를 채우지 못했을 때 생기는 긴장 상태를 추동이라고 한다. 예를 들어 물을 마시고 싶은데 마시지 못하면 갈증이라는 추동(욕구)이 생기고, 사람은 그 추동을 감소시키는 방향으로 어떤 행동을 하게 된다는 것이다. 그러므로 추동은 욕구와 비슷한 말이고, 욕구가 크면 그 욕구를 충족시키기 위해서 정신을 바짝 차리게 되기 때문에 운동수행을 위한 각성수준이 높아지게 된다.

스포츠 경기를 할 때 추동 또는 각성수준이 높을수록 수행수준이 높아진다고 스펜서(H. Spencer)가 주장한 것이 추동 이론이다(그림 3-15). 달리기나 던지기와 같이 힘이 많이 필요하고 기술이 단순한 경기에서는 추동 이론이 잘 맞지만, 양궁이나 사격같이 정교한 운동에서는 각성수준이 너무 높으면 오히려 수행수준이 낮아진다는 것을 설명하지 못한다.

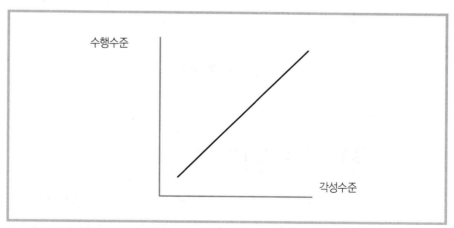

▶ 그림 3-15 추동 이론

■ 역 U字 가설

이것은 여키스(R. Yerkes)와 도슨(J. Dodson)이 처음에는 각성수준이 높아질수록 수행수준도 점차 향상되지만, 각성수준이 너무 높아지면 수행수준도 낮아진다고 세운 가설이다. 즉 수행수준이 최고로 높게 나타나는 적정 각성수준이 있고, 각성수준이 적정 각성수준보다 높거나 낮으면 수행수준이 낮아진다는 것이다.

경기를 할 때 선수가 너무 긴장하면 근육이 굳어져서 수행능력이 떨어지고, 선수가 너무 해이해져서 안이한 정신상태로 경기를 하면 노력을 기울이지 않기 때문에 경기수행능력이 떨어진다.

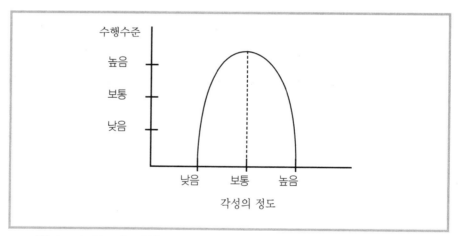

▶ 그림 3-16 역 U字 가설

■ 최적수행지역 이론

하닌(Y. L. Hanin)은 여러 선수들을 대상으로 역 U字 가설에 의한 적정 각성수준을 조사한 자료를 바탕으로 최적수행지역 이론을 제안하였다. 즉 선수마다 적정 각성수준이 다르고, 운동종목별로도 적정 각성수준이 다를 뿐만 아니라, 각성수준이 어떤 범위 안에 들었을 때(예 : 적정 각성수준의 평균에 표준편차의 반을 더한 것과 뺀 것의 중간 지역) 운동수행을 가장 잘할 가능성이 높다는 것이다.

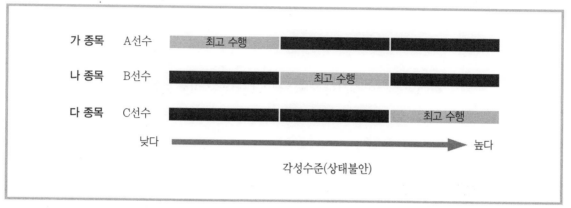

▶ 그림 3-17 최적수행지역 이론

다차원적 불안 이론

콕스(R. H. Cox) 등은 불안을 인지적 불안과 신체적 불안으로 나누었다. 인지적 불안은 불유쾌한 감정의 인식과 수행력에 영향을 미치는 부정적인 기대를 말하고, 신체적 불안은 경쟁상황에 대한 인식에서 비롯된 생리적 부적응 현상을 말한다.

인지적 불안과 신체적 불안 모두 경기력에 영향을 미치지만, 영향을 미치는 방식은 그림 3-18처럼 서로 다르다는 것이다. 즉 인지적 불안은 운동수행능력과 부적 선형관계를 보이지만, 신체적 불안은 운동수행능력과 역 U자의 관계를 보인다는 것이다.

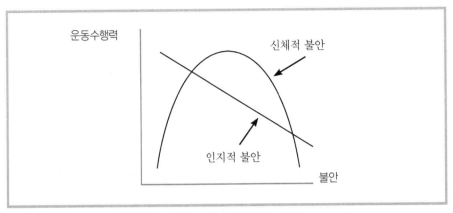

▶ 그림 3-18 불안과 운동수행의 다차원적 이론 모형

■ 반전 이론

애프터(M. J. Apter)가 제안한 반전 이론은 높은 각성수준을 유쾌한 흥분으로 지각할 수도 있고 불안으로 해석할 수도 있다는 것이다. 마찬가지로 낮은 각성수준을 편안함으로 지각할 수도 있고 지루함과 무료함으로 받아들일 수도 있다는 것이다.

똑같은 각성수준을 이와 같이 정반대로 받아들이게 되는 원인은 개인의 동기나 성향의 차이 때문이다. 같은 각성수준을 정반대로 받아들이기 때문에 스포츠 수행에 미치는 영향도 정반대가 될 수박에 없다는 것이다.

그림 3-19에서 낮은 각성수준을 유쾌한 스트레스(이완)로 받아들이는 사람은 운동 수행수준이 좋을 것이고, 불유쾌한 스트레스(지루함)로 받아들이는 사람은 운동 수행수준이 나쁠 것이다. 마찬가지로 높은 각성수준일 때도 운동 수행수준이 좋도록 영향을 미칠 수도 있고 나쁜 영향을 미칠 수도 있다.

한마디로 말해서 실선 그래프와 점선 그래프 중 어느 것이 되느냐에 따라 각성수준의 높고 낮음이 운동 수행수준에 좋은 영향을 미칠 수도 있고, 정반대로 나쁜 영향을 미칠 수도 있다는 것이다.

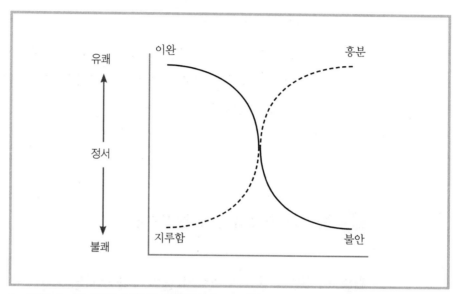

▶ 그림 3-19 반전 이론의 모형(Apter, 1982)

■ 격변 이론(카타스트로피 이론)

경기를 앞둔 선수들의 각성수준이 지나치게 높으면 운동수행능력이 서서히 떨어진다(역U자 가설). 그러나 국민적인 관심이 쏠리거나 어마어마한 상금이 걸려있는 경기에서는 선수들이 각성수준이 지나치게 높아지고, 그때에는 운동수행능력이 서서히 감소하는 것이 아니라 급격하게 무너져 버린다는 것이 격변 이론이다.

■ 심리 에너지 이론

운동역학에서 "에너지는 그 형태를 바꿀 수는 있지만 없어지거나 새로 생겨나는 일은 없다."라고하는 에너지 보존법칙을 운동선수의 심리상태에 적용하는 것이다.

경기에 대하여 긍정적인 정서를 가지고 경기에 임하면 긍정적인 결과를 가져오고, 경기에 대하여 부정적인 정서를 갖고 경기에 임하면 부정적인 경기결과가 온다는 이론이다.

❻ 불안과 스트레스의 관리기법 ·······························

■ 일반적인 스트레스와 불안의 관리기법

대부분의 경우 어떤 자극을 받으면 불안이나 스트레스가 생겼다가 사라진다. 그러나 한 번 생긴 불안이나 스트레스가 그 원인이 해소되었는 데도 불구하고 오래동안 지속된다면 불안장애를 의심해 보아야 한다.

불안장애는 비정상적이고 병적인 불안과 공포 때문에 일상생활에 장애를 받는 일종의 정신질환이기 때문에 치료를 받아야 한다.

다음에 나열한 것들은 불안이나 스트레스를 해소하거나 증상을 완화시킬 수 있는 일반적인 관리원칙이다.

❖ 균형 잡히고 건강에 좋은 식사를 한다.
❖ 커피와 알코올 섭취를 줄인다.
❖ 잠을 충분히 자고 규칙적인 운동을 한다.

❖ 불안을 해소시킬 수 있는 방법을 마음속으로 생각한 다음 실행해 본다.

❖ 실행해서 조금이라도 불안이 해소되면 그 방법을 계속해서 실행한다.

❖ 명상을 자주한다.

❖ 취미 활동을 적극적으로 한다.

❖ 친구와 대화할 수 있는 기회를 많이 만들고, 허심탄회하게 이야기한다.

■ 불안을 해소시키는 훈련방법

위에서는 일반인들이 스트레스와 불안을 관리하는 기법을 간단히 설명하였다. 그러나 운동선수들은 경기를 자주 하기 때문에 경쟁에서 오는 스트레스와 불안에 시달리기 십상이다. 그래서 경쟁불안을 이겨낼 수 있는 여러 가지 훈련기법들이 개발되어 있다.

다음은 훈련을 통해서 경쟁불안과 스트레스를 이겨낼 수 있는 기법들과 그에 대한 간단한 설명이다.

❖ 바이오피드백 훈련……마음속으로 특정한 상황을 떠올리거나 생각을 조작하면서 생리적 반응이 어떻게 변하는지 알아낸 다음 그것을 이용해서 자율신경계의 기능을 의식적으로 조작하는 방법이다. 바이오피드백으로 사용되는 생체신호에는 EMG, EEG, 피부온도, 피부저항, 심박수, 호흡수, 혈압 등이 있다.

❖ 명상……심신을 이완시키고 마음을 통제할 수 있도록 훈련하는 것을 명상이라 한다. 명상의 목적은 자신의 정신을 통제하는 방법을 터득

하는 것이다.

다음은 명상훈련의 한 예이다.

• 조용한 방에 들어가 의자에 앉는다.

• 근육을 이완시키고 호흡을 가다듬는다.

• 눈을 감고 숨을 천천히 코로 쉰다.

• 약 20분이 지났으면 눈을 뜨고 방안에 있는 어떤 물체에 초점을 맞춘다.

• 몇 번 숨을 깊게 쉰 다음 앉은 채로 기지개를 편다.

• 2잠시 후에 일어서서 기지개를 편 다음 일상으로 돌아간다.

❖ **자생훈련법(자율훈련법)**······자기 스스로 최면상태에 도달해서 신체의 무게를 느끼고 체온의 상승을 유도하는 기술을 훈련한다.

다음은 자생훈련의 예이다.

• 조용한 방에 편안한 자세를 취한다.

• 눈을 감고 호흡을 천천히 깊게 한다.

• 온몸의 힘을 뺀다.

• 오른팔이 무거워지는 느낌을 느낀다.

• 몸의 각 부위를 돌아가며 무거워지는 느낌을 느낀다.

• 오른팔이 따뜻해지는 느낌을 느낀다.

• 몸의 각 부위를 돌아가며 따뜻해지는 느낌을 느낀다.

• 호흡을 조용하고 편안하게 하면서 일상으로 돌아간다.

❖ **점진적 이완기법**······근육이 완전히 이완되면 불안해지거나 긴장될 수 없다는 원리를 응용해서 신체 각 부위의 근육을 차례로 이완시킴으로써 스트레스의 부정적인 영향을 중화시키려고 하는 방법이다.

다음은 점진적 이완훈련을 하는 예이다.

• 바르게 누워서 두 다리를 약간 벌리고, 두 팔을 몸통에서 약간 뗀다.

- 신체의 모든 부분이 바닥에 닿아 가라앉는 느낌이 들도록 온몸의 힘을 뺀다.
- 눈을 감고 숨을 들이쉬면서 발가락에 힘을 준다.
- 5~8초가 지나면 숨을 길게 내쉬면서 발가락에서 힘을 뺀다.
- 호흡이 고르게 되면 다시 발가락에 힘을 준다.
- 5~8초가 지나면 다시 발가락에서 힘을 뺀다.
- 호흡이 고르게 되면 다른 근육에 같은 요령으로 힘을 준다.
- 전신의 근육을 돌아가면서 하나씩 힘을 주었다가 빼기를 반복한다.

❖ **인지재구성법**……시합에 대비해서 미리 준비하는 것이다. 부정적인 생각을 버리고 긍정적인 생각으로 전환함으로써 불안감을 감소시키고 자신감을 증대시키는 것이다.

다음은 인지를 재구성하기 위한 자기 진술의 예이다.

- 시합 중의 실수는 연습을 하면 줄일 수 있다.
- 지금의 나는 훈련에 의해서 이룬 것이고, 결코 무너지지 않는다.
- 누가 뭐라든지 나는 내 목표가 있고 그것을 반드시 이룰 것이다.
- 이번 시합 상대는 내가 이길 수 있다.

❖ **호흡조절법**……숨을 배로 쉬면서(복식호흡) 불안과 긴장을 낮추는 훈련을 한다.

❖ **자화법**……경기 전이나 경기 중에 선수들이 하는 자화(혼잣말) 중에서 긍정적인 자화는 수행을 돕고, 부정적인 자화는 수행을 방해한다. 그러므로 긍정적인 자화를 연습한다.

다음은 자기효능감을 향상시킬 수 있는 긍정적인 자화의 예이다.

- 나는 강하다.
- 나는 자신있다.
- 나는 상대를 이길 수 있다.

- 나는 열심히 노력했다. 그러므로 이길 수 있어!
- 나를 응원하는 사람이 훨씬 많아!
- 나는 우승할 자신이 있다.

03 동기

❶ 동기의 개념

동기(動機)를 국어사전에서 찾아보면 "① 일을 발동시키는 계기, ② 사람이 마음을 정하거나 행동을 일으키는 직접적인 원인, ③ 행동을 일으킨 의식적·무의식적인 원인"이라고 쓰여 있다. 동기를 뜻하는 영어 'motive' 의 어원은 '움직이게 하는 것'이라는 의미를 가지고 있는 라틴어 'movers' 이다.

그런데 사람이 어떤 행동을 하는 원인은 개인과 환경의 영향도 받고, 내적인 힘과 외적인 힘의 영향도 받기 때문에 동기의 정의를 내리기가 쉬운 일은 아니다.

다음은 여러 학자들이 동기의 정의를 내린 것 중 일부이다.

❖ 개인이 어떤 욕구를 만족시키기 위해서 어떻게 행동하겠다고 마음먹는 것이다.

❖ 노력의 방향과 강도를 결정해주는 것이다.

❖ 어떤 행동을 시작하게 하거나 계속해서 하도록 만드는 원동력이다.

❖ 자신의 욕구를 강화시키거나 행동의 방향을 설정하게 하는 것이다.

■ 동기가 생기는 원인

위의 어느 것을 동기의 정의로 선택하든 동기는 왜 생기고 동기의 강도는 어떻게 해서 결정되느냐는 의문이 생긴다. 동기가 생기는 원인을 보는 관점에는 다음 3가지 관점이 있다.

➔ 특성지향적인 관점

인간의 행동은 성격, 목표성향, 태도 등 개인의 특성에 의해서 결정된다고 보는 관점이다. 이와 같은 관점에서 보면 성격적으로 동기수준이 높은 사람과 낮은 사람이 태어날 때부터 정해져 있으므로 훌륭한 운동선수가 되려면 높은 동기수준을 타고나야 된다는 뜻이 된다.

그런데 이것은 지도자나 동료선수들과 같은 환경적 영향을 받아서도 동기가 변화될 수 있다는 것을 간과한 관점이라고 할 수 있다.

➔ 상황지향적인 관점

특성지향적인 관점과 반대로 환경의 영향을 받아서 동기가 결정된다고 보는 관점이다. 상황지향적인 관점은 개인의 특성을 지나치게 무시한다는 비판을 받는다.

➔ 상호작용적인 관점

개인의 특성적 요인과 환경적 요인의 상호작용에 의해서 동기가 결정된다고 보는 관점이다. 즉 동기를 특성적 측면이나 환경적 측면 어느 한쪽 면에서만 보아서는 안 되고, 두 가지 측면이 복합적으로 작용해서 동기가 결정된다고 보는 것이다.

■ 우리나라 청소년의 스포츠참가 동기

청소년들이 '왜 스포츠활동에 참가하게 되는지' 그 동기를 조사해본 결과 스포츠 자체의 매력, 학업부진으로 인한 상급학교 진학수단, 주위의 권유 등이 많은 것으로 나타났다.

다음은 우리나라 청소년들이 스포츠에 참가하는 이유(동기)를 조사한 결과이다.

❖ 재미있고, 내가 좋아서
❖ 내가 운동을 잘 하는 편이어서
❖ 건강해지고 싶어서
❖ 친구들보다 힘이 세지려고
❖ 도전해보고 싶어서
❖ 선수로 성장해서 돈을 많이 벌려고
❖ 공부에는 자신이 없고, 진학하려고
❖ 부모님이 하라고 해서
❖ 멋있어 보여서
❖ 매스컴에 나올 가능성이 크니까

❷ 동기유발

■ 동기유발의 효과(기능)

한 개인이 어떤 방향으로(예를 들어 운동을 하는 방향으로) 동기가 유발되었다고 할 때, 그 사람의 행동에 어떤 변화가 생기는지 알아보는 것을 동기유발의 효과 또는 동기유발의 기능이라고 한다.

동기유발의 효과를 스포츠와 관련시켜 설명하면 다음과 같다.

❖ 시발기능(활성화기능)······어떤 행동을 유발시키는 기능으로 한 개인을 스포츠에 참가하도록 만든다.

❖ 지향기능······행동의 방향을 설정하고 목표를 달성하기 위해서 해야 할 행동의 방향을 결정해주는 기능으로, 스포츠에 참가하여 국가대표 선수가 된다는 목표를 설정했다고 하면 국가대표 선수의 자격을 획득하려고 노력하게 만든다.

❖ 선택기능(조절기능)······목표를 달성하기 위해서 특정 행동을 선택하게 하는 기능으로, 고등학교에서 대학교로 진학을 한다면 국가대표 선수가 되기 쉬운 대학을 선택해서 진학한다.

❖ 강화기능······행동결과가 좋으면 정적 강화, 행동 결과가 나쁘면 부적 강화를 제공한다.

▶ 그림 3-20 동기유발의 기능

■ 동기유발의 종류

　　개인이 외부의 보상과 상관없이 순수한 즐거움을 위해서 자발적으로 스포츠활동에 참가하면 그 사람은 내적으로 스포츠에 동기유발이 되었다고 한다. 반대로 상금이나 트로피와 같은 외적 보상을 획득할 목적으로 스포츠활동에 참여하게 되었다면 그 사람은 외적으로 스포츠에 동기유발되었다고 한다.

　　대부분의 스포츠 경기에서는 상금이나 트로피를 상으로 주고(외적동기를 유발하고), 선수들은 외적 보상 이외에 자신이 좋아하기 때문에 스포츠 활동에 참여하고 있기 때문에(내적동기 유발도 있기 때문에) 내적동기와 외적동기를 합한 것이 그 사람의 동기라고 할 수 있다. 내적동기도 크고 외적동기도 크면 그 합도 당연히 클 것이라고 생각할 수 있다.

　　그러나 많은 연구에서 외적동기를 유발하면 내적동기가 감소한다는 결과가 나왔으므로 내적동기와 외적동기 모두가 큰 경우는 생각하기 어렵게 되었다. 또 다른 연구에서는 물질적 보상이나 언어적 피드백과 같이 외적

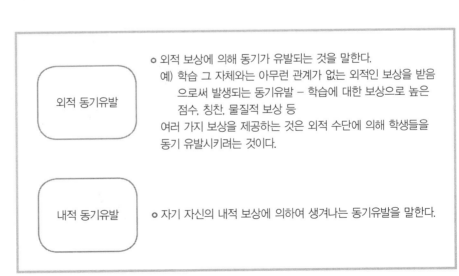

▶ 그림 3-21 동기유발의 종류

동기를 유발하는 요인이라고 하더라도, 그것을 미끼로 개인을 어떤 특수한 방향으로 행동하도록 억압하거나 통제하지 아니하면 내적동기가 오히려 증가한다고 보고하고 있다.

■ 동기유발 전략

　교사나 스포츠지도자는 학생들에게 학습에 참여하려고 하는 학습동기를 유발할 수 있는 전략을 마련해야 한다.
　아래 그림은 켈러(Keller)가 학생들에게 학습동기를 유발할 수 있는 전략으로 제시한 ARCS 모델이다.
　학생들의 흥미를 끌 수 있는 학습과제를 선정해서, 왜 그것을 배워야 하는지 관련성을 인식시켜주어야 하며, 학습이 성공할 수 있다는 자신감을 불어 넣어 주어야 하고, 학습에 성공하면 어떤 대가가 주어지는지 보상책을 마련해야 한다.

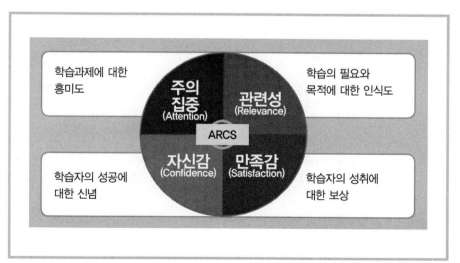

▶ 그림 3-22 Keller의 학습동기유발 전략

❸ 동기 이론

내적 욕구를 만족시키려고 동기가 생긴다고 주장하는 이론을 내적동기 이론, 외적 욕구를 만족시키려고 동기가 생긴다고 주장하는 것을 외적동기 (유인동기) 이론, 성취욕구를 만족시키기 위해서 동기가 생긴다고 주장하는 것을 성취동기 이론이라고 한다.

❖ **성취동기 이론**…… 모든 인간의 행동은 기본적으로 성취를 위한 것이 고, 스포츠와 같이 성취지향적인 노력으로 표현되는 행동은 성취동 기에 의해서 결정된다고 보는 이론이다. 맥클리란드(D. McClelland) 와 앳킨슨(J. Atkinson)에 의하면 인간의 행동은 개인적 요인과 환경 적 요인의 상호작용에 의해서 만들어지고, 개인적 요인은 자신감이 나 내적욕구와 같은 성공추구동기와 실패회피 동기로 구성되어 있 으며, 환경적 요인은 성공의 유인가치와 성공할 가능성으로 구성되 어 있다고 한다.

목표 : 개인이 이루고자 하는 성과 또는 성취하려는 희망
　　　 – 과제에 주의집중 / 자원을 동원하고 활용 / 인내심 강화 / 성취 촉진

학습목표 (Learning goal)	**수행목표** (Performance goal)
• 과제의 숙달, 향상, 이해 증진에 중점을 두는 목표 • 성취 ⋯ 과제를 통해 학습 • 노력과 결과가 함께 한다는 신념 • 새로운 지식의 획득이나 기술의 학습 과정 자체를 즐겁게 여기며 그 과정에 적극적으로 참여하려는 태도	• 과제를 수행하면서 얼마나 타인보다 유능한지를 보여주는 것에 집중 • 배움보다는 과제 외적인 것에 가치 집중 • 개인의 능력이나 자아존중감에 더욱 초점 • 상당한 노력을 투자했음에도 목표를 성공적으로 수행하지 못할 경우 자기개념에 위협

▶ **그림 3-23** 학습목표와 수행목표

❖ **성취목표성향 이론**……무엇인가 성취하려고 노력한다는 의미에서는 성취동기 이론과 같다. 그러나 성공하려고 노력하는 성공추구 동기와 실패하지 않으려고 노력하는 실패회피 동기는 구별되어야 하고, 열심히 노력해서 성취한 것을 만족하게 생각하는 과제지향 성향을 가진 사람과 남보다 더 잘한 것을 만족하게 생각하는 자아지향 성향을 가진 사람은 성취동기가 서로 다르게 나타난다고 주장하는 이론이다.

❖ **인지평가 이론**……사람에게는 유능성의 욕구(자기 자신이 능력이 있어서 남보다 더 잘한다고 말하고 싶은 욕구)와 자결성의 욕구(어떤 행동을 하고 안 하고는 누가 시켜서가 아니라 자신이 결정하고 싶어하는 욕구)가 있다. 그 두 가지 욕구에 의해서 외부에서 일어나는 사건을 정보적인 측면, 통제적인 측면, 무동기적인 측면으로 해석하고 평가한 평가 결과에 따라서 내적동기가 증가할 수도 있고 감소할 수도 있다고 주장하는 이론이다.

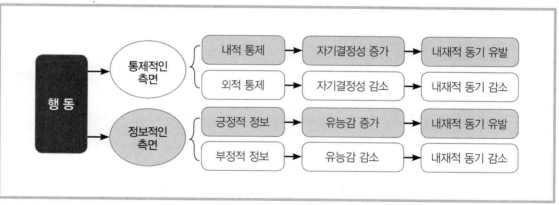

▶ 그림 3-24 인지평가 이론

❖ **자기결정성 이론**⋯⋯인지평가 이론에서 주장하는 유능성의 욕구와 자결성의 욕구 이외에 관계성의 욕구도 있다고 하면서, 동기가 아무런 동기도 없는 무동기에서 출발해서 외적 동기를 거쳐 내적 동기까지 연속선상에 있다고 주장하는 이론이다. 그러므로 자기결정성 이론은 인지평가 이론을 확장한 것이라고 할 수도 있다. 그리고 무동기와 내적동기 사이에 있는 외적동기를 외적 규제, 의무감 규제, 확인 규제로 세분하여 총 5가지 동기유형으로 보고, 어떤 유형의 동기를 갖게 되느냐 하는 것은 개인의 자기결정에 의해서 달라진다고 주장하였다.

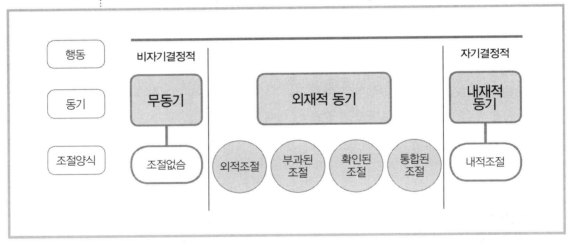

▶ **그림 3-25 자기결정성의 연속선**

❖ **동기분위기 이론**⋯⋯개인의 성취목표 성향도 중요하지만 동기분위기(자신이 속해 있는 집단의 환경을 어떻게 인식하고 있느냐 하는 것)가 그 사람의 내적 동기에 더 큰 영향을 미친다고 주장하는 이론이다. 동기분위기에는 숙달중시 동기분위기와 수행중시 동기분위기가 있는데, 숙달중시 동기분위기가 긍정적인 면이 더 많으므로 숙달중시 동기

분위기를 만들려고 노력해야 한다고 주장하면서 TARGET의 머릿글
자를 딴 방법으로 훈련하면 숙달중시 동기분위기를 만들 수 있다고
주장하는 이론이다.

동기유발 전략	타겟전략(TARGET)
	T : 과제는 도전적인 다양한 과제제시
	A : 권위제공의 의사결정참여, 리더십 발휘기회제공
	R : 인정은 개인향상도 인정
	G : 집단편성의 협동학습의 기회제공
	E : 평가는 과제숙달 및 학생 향상도
	T : 시간부여는 필요시간 부여

▶ 그림 3-26 스포츠 동기유발 전략

❖ 자기효능감 이론……반두라(Bandura)가 주장한 이론으로, 자기효능감
(어떤 일을 자신이 충분히 해낼 수 있다고 믿는 신념)에 따라서 어
떤 과제에 대해서 개인이 취하는 행동이 달라진다고 주장하는 이론
이다.

▶ 표 3-3   자기효능감이 학습동기에 미치는 영향

	높은 자기효능감을 가진 학생	낮은 자기효능감을 가진 학생
과제지향	도전감을 느낄 수 있는 과제 선택	도전감을 느낄 수 있는 과제 회피
노력	도전감을 느끼는 과제를 할 때 더 노력	도전감을 느끼는 과제를 할 때 덜 노력
인내심	목표에 도달하지 못했을 때 포기하지 않음	목표에 도달하지 못했을 때 포기함
믿음	자신이 성공할 것이라 믿음 목표에 도달하지 못했을 때 생기는 스트레스와 불안감을 통제하고 조절함	무능하다는 느낌에 집중 목표에 도달하지 못했을 때 스트레스와 불안감을 느낌
전략사용	비생산적 전략이라고 생각되면 사용하지 않음	비생산적 전략을 계속 사용함
수행	같은 능력을 가정할 때 낮은 자기효능감을 가진 학생보다 높은 수행을 보임	같은 능력을 가정할 때 높은 자기 효능감을 가진 학생보다 낮은 수행을 보임

❹ 귀인과 귀인훈련 ···

자신 또는 다른 사람이 어떤 행동을 했을 때 그 행동의 원인을 찾기 위해 추론하는 과정을 귀인(attribution, 歸因)이라고 한다. 예를 들어 시합에 졌을 때 왜 시합에 졌는지 그 원인을 알아보려고 노력하는 과정을 귀인이라 한다. 이때 찾아낸 원인이 옳고 그른 것은 문제 삼지 않는다.

어떤 행동의 결과를 자신의 능력이나 노력 때문으로 보는 것과 남 또는 운의 탓으로 보는 것은 그다음 행동에 아주 큰 영향을 미치기 때문에 귀인을 스포츠 수행에 영향을 미치는 중요한 심리적 요인으로 취급하는 것이다.

귀인을 하는 경우는 주로 실패했을 때이다. 사람들은 대부분 실패의 원인을 남의 탓 또는 환경의 탓으로 돌리려고 하는 경향이 있는데, 그것을 귀인의 기본적인 오류라고 한다. 그 내용은 다음과 같다.

- ❖ 자신이 실패한 원인은 상황적 특성 때문이라고 생각한다.
- ❖ 남이 실패한 원인은 그 사람의 기질적 특성 때문이라고 생각한다.
- ❖ 자신은 별 수 없어서 실패했고, 남은 성격이 못되어서 실패했다고 생각한다.

■ 귀인모델

와이너(Weiner : 1972)는 사람들이 실패 또는 성공의 원인이라고 자주 지목하는 귀인요소를 능력, 노력, 운, 과제의 난이도 등 4가지로 한정하였다. 그다음 그는 각 귀인요소들이 '내부적인 요소인가, 아니면 외부적인 요소인가?', '자신이 통제 가능한가 아니면 불가능한가?', '안정적인 요소인가 아니면 불안정적인 요소인가?' 등에 따라서 귀인의 형태가 달라진다는 표 3-4와 표 3-5와 같은 모델을 제시하였다.

▶ 표 3-4　2차원 귀인모델

통제영역차원 ＼ 안정성차원	안정성요인	불안정성요인
내적요인	능력	노력
외적요인	과제난이도	운

▶ 표 3-5　3차원 귀인모델

		가장 일반적인 귀인의 대표적 요인			
		능력	노력	운	과제난이도
분류 기준	내적/외적	내부	내부	외부	외부
	안정적/불안정적	안정적	불안정적	불안정적	안정적
	통제가/통제불가	통제불가	통제가능	통제불가	통제불가

2차원 귀인모델에서 '운'은 외적 요소이고, 동시에 불안정적 요소이다.

3차원 귀인모델에서 '운'은 외적 요소이고, 불안정적 요소이며, 통제 불가능한 요소이다.

귀인이 스포츠 수행에 아주 큰 영향을 미치기 때문에 선수들에게 귀인훈련을 하게 하기도 한다. 즉 성공의 원인은 자신의 능력에서 찾고, 실패의 원인은 노력의 부족이나 전략의 미흡 때문이라고 생각하도록 훈련함으로써 스포츠 수행을 극대화하려는 것이다.

■ 학습된 무기력

피할 수 없거나 극복할 수 없는 상황에 반복적으로 노출되면 자신의 능력으로 피하거나 극복할 수 있는 데도 불구하고 스스로 자포자기하는 현상이다. 스포츠 선수가 반복적으로 실패하면 학습된 무기력증에 빠져서 실패의 요인을 다음과 같이 귀인한다.

학습된 무기력의 특징은 다음과 같다.

❖ 실패의 원인을 '실패할 수밖에 없었기 때문이다.'라고 믿는 것이다.

❖ 귀인 중에서 가장 바람직하지 못한 귀인이다.

❖ 학습된 무기력에 빠진 선수는 성취 지향적으로 변화시키기 어렵다.

❖ 실패의 원인을 불안정적이고 통제 가능한 것(예 : 노력과 연습의 부족)에서 찾을 수 있도록 도와주어야 한다.

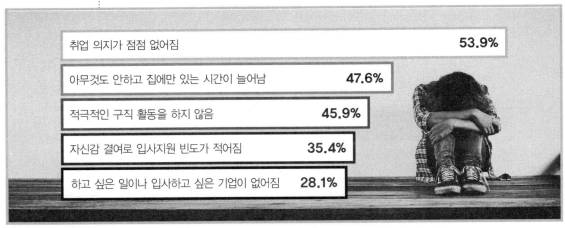

취업 의지가 점점 없어짐 **53.9%**

아무것도 안하고 집에만 있는 시간이 늘어남 **47.6%**

적극적인 구직 활동을 하지 않음 **45.9%**

자신감 결여로 입사지원 빈도가 적어짐 **35.4%**

하고 싶은 일이나 입사하고 싶은 기업이 없어짐 **28.1%**

▶ 그림 3-27 구직자의 학습된 무기력

❺ 동기유발의 방법 ⋯⋯⋯⋯⋯⋯⋯⋯⋯⋯⋯⋯⋯⋯⋯⋯⋯⋯⋯⋯⋯

　　선수들이 운동수행을 잘할 수 있도록 동기를 유발시키는 방법은 대부분이 내적 동기를 유발하는 방법이다.

　　그것들을 요약하면 다음과 같다.

　❖ 스포츠활동이나 연습의 목적을 선수들이 잘 알 수 있도록 설명한다.
　❖ 목적을 달성할 수 있도록 구체적인 목표를 선수들과 협의하여 단계적으로 수립한다.
　❖ 개인차를 고려하고, 칭찬이나 상품 등 적절한 강화를 제공한다.
　❖ 선수들의 기능 향상을 자세하게 기록하고, 한눈에 알아볼 수 있도록 그래프를 그려서 제시한다.
　❖ 과제 지향적인 성격이나 동기를 가져야 한다는 것을 강조한다.
　❖ 적절한 피드백을 제공한다.

04 목표설정

❶ 목표설정의 개념 ⋯⋯⋯⋯⋯⋯⋯⋯⋯⋯⋯⋯⋯⋯⋯⋯⋯⋯⋯⋯⋯⋯

　　로크(E. A. Locke)는 '목표란 개인이나 조직이 장래의 어떤 시점에 도달하고자 하는 상태'라고 하였다.

　　한편 스티어스(R. M. Steers)는 설정된 목표가 다음과 같은 다섯 가지 기능을 수행한다고 주장하였다.

❖ 설정된 목표는 행동이나 방향을 결정해주는 기능을 지닌다.

❖ 목표는 조직이나 개인의 실적을 평가하는 표준이 될 수 있다.

❖ 목표는 여러 활동과 목표 추구에 필요한 자원을 활용할 수 있도록 해줌으로써 합법적인 근거를 제공해준다.

❖ 조직의 측면에서 볼 때 조직의 구조, 즉 의사소통 형태, 권위나 권력 관계, 지위의 배정 등에 직접 영향을 미칠 수 있다.

❖ 목표를 연구함으로써 다른 방법으로는 알아낼 수 없었던 조직 구성 원이나 조직의 감추어진 동기·성격·행동 등에 대한 통찰력을 얻 을 수 있다.

목표가 갖는 이와 같은 몇 가지 기능 때문에 개인의 과제 수행이나 조 직의 효율성을 다룰 때 중요한 문제가 되고 있다.

❷ 목표설정 이론 ···

목표설정 이론은 로크(E. A. Locke)에 의해 시작된 동기 이론이다. 이것은 인간이 합리적으로 행동한다는 기본적인 가정에 기초하여, 개인이 의식적으 로 얻으려고 설정한 목표가 동기와 행동에 영향을 미친다는 이론이다.

목표는 개인이 의식적으로 얻고자 하는 사물 혹은 상태를 말하며, 장래 어떤 시점에 달성하려고 시도하는 것이다. 즉 성과와 관련된 작업행동의 가장 직접적인 선행조건으로 목표를 들고 있다. 목표는 개인이 달성하려 고 시도하는 것으로서 행위의 목적, 또는 계획의 뜻이 있어 그 개념은 목 적·의도와 비슷하다.

이러한 의식적인 생각이 사람의 행동을 조절하기 때문에 목표를 설정하는 것은 동기와 수행 모두에서 효과적인 것으로 알려져 있다. 목표가 동기의 기초를 제공하며, 행동의 지표가 되기 때문에 설정된 목표는 관심과 행동의 지표를 제공하며, 노력을 동원하고, 노력을 지속케 하며, 목표 달성을 위한 관련전략을 개발하도록 개인의 동기를 유발시켜 개인의 활동을 직접 조절하는 동기를 갖는다.

목표가 어떠한 속성을 가져야 하는가에 대해서 스티어스(Steers)는 과업목표의 속성을 다음의 6가지로 제시하고 있다.

❖ **목표의 구체성**……막연한 목표보다는 구체적인 목표가 성과를 높일 수 있는 행동을 불러일으킨다. 구체적인 목표는 모호성을 감소시켜주고 행동방향을 명확하게 제시해준다.

❖ **목표의 곤란성**……쉬운 목표보다는 다소 어려운 목표가 동기를 유발시킨다. 도전감이 문제 해결에 많은 노력을 집중하도록 자극하기 때문이다.

❖ **목표설정에의 참여**……구성원들이 목표설정 과정에 참여하면 성과가 향상될 수 있다.

❖ **노력에 대한 피드백**……노력에 대하여 피드백이 주어질 때 성과가 향상될 수 있다.

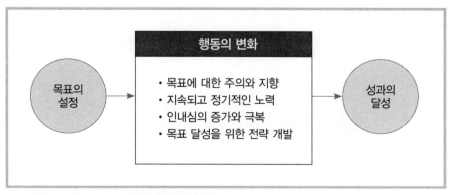

▶ **그림 3-28** Locke의 목표설정 이론

❖ **목표달성에 대한 동료들 간의 경쟁**······동료들 간의 경쟁이 성과를 높일 수 있다. 그러나 지나친 경쟁은 오히려 해가 될 수도 있음을 알아야 한다.

❖ **목표의 수용성**······일방적으로 강요된 목표보다는 구성원이 자발적으로 수용한 목표가 더 큰 동기를 유발시킬 수 있다.

❸ 목표의 유형

목표는 주관적 목표와 객관적 목표, 결과목표와 수행목표로 유형을 나눌 수 있다.

❖ **주관적 목표와 객관적 목표**······"재미있게 운동하자.", "즐기면서 운동하자."와 같이 개인에 따라 해석을 다르게 할 수 있는 목표를 주관적 목표라고 한다. "몇 월 몇 일까지 완성하자.", "체중을 3kg 줄이자."와 같이 시간이나 결과를 구체적으로 명시하는 것을 객관적 목표라고 한다.

❖ **결과목표와 수행목표**······"금메달을 따자.", "랭킹 5위 안에 들자."와 같이 성과를 기준으로 선정한 목표가 결과목표이다. "자유투의 성공률을 90%로 올리자.", "100m 달리기 기록 10초 2를 달성하자."와 같이 운동의 수행을 기반으로 선정한 목표가 수행목표이다.

❹ 목표설정 방법

스포츠 수행과 관련하여 목표를 설정할 때에는 기본적으로 다음과 같은 가정을 한다.

❖ 구체적인 목표가 일반적인 목표보다 더욱 더 정확하게 행동하도록 조절한다.

❖ 충분한 능력이 있다고 가정할 때 높은 목표일수록 수행을 더 향상시킨다.

❖ 장기목표만 있는 것보다 장기목표와 단기목표가 함께 있는 것이 수행 향상에 효과적이다.

❖ 목표는 동기유발 기능에 의해서 수행에 긍정적인 영향을 미친다.

❖ 목표와 관련된 진보 정도를 피드백으로 제공할 때 가장 효과적이다.

❖ 어려운 목표를 설정한 경우, 목표에 대한 개입 수준이 높을수록 수행이 향상된다.

❖ 과제가 복잡하거나 과제수행에 장기간이 필요할 경우 적절한 계획이나 전략이 있으면 목표달성이 촉진된다.

❖ 경쟁을 시키면 수행을 향상시킨다.

그림 3-29는 목표설정의 원칙을 정리한 것이고, 표 3-5는 목표 관련 변수들에 대한 연구 결과를 정리하여 표로 만든 것이다.

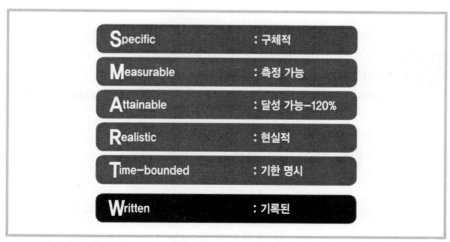

▶ 그림 3-29 목표설정의 원칙(SMARTW 기법)

▶ 표 3-5   목표 관련 변수에 대한 연구 결과

구분	변수	연구 결과
목표의 특성	난이도	성취 가능한 범위 내에서 어렵고 도전적인 목표일수록 성과가 높다.
	구체성	'최선을 다하라'는 식의 애매한 목표보다는 목표량과 기간을 제시하는 구체적인 목표일 때 성과가 높다.
목표의 종류	지시된 목표	지시된 목표의 경우 직무수행자의 목표수용(acceptance)이 중요하다. 지시된 목표가 수용되지 않으면 성과가 높아질 수 없다.
	참여적 목표	상사와 부하가 토론을 통하여 공동으로 설정한 참여적 목표가 성과가 높다.
	자기설정 목표	외부의 자극(예 : 경쟁자)에 의해서 스스로 설정하는 자기설정 목표가 성과가 좋다.
상황 요인들	피드백	목표의 성과를 높이려면 피드백이 필수적으로 동반되어야 한다.
	보상조건	목표 달성에 따른 적절한 보상이 주어졌을 때가 그렇지 않은 경우보다 성과가 높다.
	직무 복잡성	직무 복잡성이 증가하면 성과에 대한 효과가 떨어진다.
	능력	목표가 어려울수록 능력 있는 사람의 성과가 높아진다.
	경쟁상황	경쟁은 지시된 목표의 수용도를 높여 주고, 스스로 목표를 세우도록 하여, 성과를 높여 준다.

05 자신감

❶ 자신감의 개념

자신의 능력이나 가치를 믿는 신념 또는 의지를 '자신감'이라 하는데, 이것은 자신의 수행에 대한 막연한 낙관과는 구별된다. 즉 자신감은 수행해야 할 과제에 대한 상대적인 판단에서 오는 것이고, 원하는 결과를 성공적으로 이루어낼 수 있다는 확신이다.

자신감은 개인의 행동에 큰 영향을 미친다. 예를 들어 자신감이 있는 사람은 원하는 결과를 얻을 수 있다는 긍정적인 마음으로 과제에 임하여 과제를 적극적으로 해결하려고 노력한다. 그러나 자신감이 없는 사람은 자신의 약점이나 과제의 어려움 같은 부정적인 생각에 사로잡혀서 불안해하고 과제 수행에 실패할까봐 걱정이 되어서 과제에 소극적으로 임하게 된다.

자신감과 유사한 개념에는 자기효능감, 낙관주의, 스포츠 자신감, 유능감 등이 있는데, 그것들의 개념은 다음과 같다.

❖ **자기효능감**……특정한 문제를 자신의 능력으로 해결할 수 있다는 신념 또는 기대감이다. 자기효능감은 개인이 자신의 능력으로 구체적인 과제를 수행할 수 있다는 점에 초점이 맞추어져 있다.

❖ **낙관주의**……미래에 자신에게 좋은 일이 생길 것이라고 긍정적으로 기대하는 성격 또는 사상이다.

❖ **스포츠 자신감**……스포츠 상황에서 어떤 운동을 성공적으로 수행할 수 있다는 믿음 또는 확신이다. 자신이 스포츠 경쟁에서 이길 수 있는 능력이 있다고 믿는 것이다. 한 종목의 스포츠를 잘 하는 사람은 자신감이 생겨서 다른 스포츠를 하는 데에도 긍정적인 영향을 미친다.

❖ **유능감**……주어진 환경을 자신의 능력으로 자신이 원하는 방향으로, 바꾸어 놓을 수 있다고 믿는 것이다. 즉 자신의 능력을 자신이 긍정적으로 평가하는 것이다.

■ 자신감의 특성(속성)

❖ 자신감은 선천적으로 타고 나는 것이 아니라 후천적으로 길러진다.
❖ 긍정적인 피드백은 자신감을 올려주고 부정적인 피드백은 자신감을 낮추어주는 때가 많지만, 반대인 경우도 있다.
❖ 성공이 자신감을 향상시킬 때가 많지만 저하시킬 때도 있다. 실패도 마찬가지다.
❖ 실수가 자신감을 저하시킬 때도 있지만 오히려 향상시킬 수도 있다.

■ 자신감이 있는 선수들의 특징

❖ 차분하게 경기에 임한다.
  • 선수가 자신감을 가지고 있으면 압박감을 느끼는 경기상황에서도 차분하고 이완된 상태를 유지할 수 있다.
❖ 주의집중을 잘한다.
  • 자신의 능력으로 어떻게 할 수 없는 일을 걱정하거나, 자신을 탓하지 않고, 자신이 할 수 있는 일에 집중한다.
❖ 훈련이나 경기에서 더 노력한다.
  • 자신감이 있는 선수는 자신의 능력을 믿기 때문에 실패를 두려워하지 않고, 새로운 기술을 배우거나 능력을 향상시키려고 노력하고, 자신의 책임을 달성하려고 최선을 다한다.
❖ 목표성취가 어렵게 되면 더욱 더 노력한다.
  • 자신감이 있는 선수는 실패의 원인을 자신의 노력이 부족했던 것이 원인이라고 생각해서, 다시는 실패하지 않으려고 더욱 더 노력한다.

❖ 적절한 경기전략을 활용한다.

- 자신감이 있는 선수는 이기려고 경기를 하고, 자신감이 부족한 선수는 지지 않으려고 경기를 한다.

❖ 역경이나 실수를 하더라도 빨리 자신감을 회복한다.

- 자신감이 있는 선수는 역경이나 실수를 도전과 결단의 계기로 삼기 때문에 좌절하지 않는다.

❷ 자신감 이론

➜ 자기효능감 이론

반두라(A. Bandura)의 사회학습 이론에서는 사회적 환경과 인간의 인지, 행동능력이 학습과 발달에 미치는 중요성을 강조한다. 이것은 행동, 개인적인 요인, 사회환경 등이 끊임없이 상호작용해서 결정요인으로 작용한다는 것을 의미한다.

반두라는 인간이란 감정·사고·행동을 통제할 수 있는 자기반영적인 능력을 지니고 있다고 보았는데, 가장 강력한 자기조절 과정의 하나로 자기효능감(self-efficacy)을 들었다.

자기효능감이란 자신이 어떤 일을 잘해낼 수 있다는 개인적 신념이다. 자기효능에 관한 지각은 개인이 추구하거나, 피하려고 선택하는 활동에 영향을 미치기 때문에 그가 누구인지 그가 무엇이 될 것인지를 결정하게 된다. 가령 자신이 노래에 소질이 있다고 생각한다면 가수가 되기 위해 노래 연습을 하게 되는 것이다.

반두라는 자기효능감이 다음의 네 가지 요인을 통해 형성된다고 보았다.

❖ **성취경험**······어떤 사람이 목표를 달성하기 위하여 시도한 결과 성공과 실패를 얼마나 했느냐에 따라 자기효능감이 달라질 수 있다고 한다. 예 : 성공경험이 많을수록 자신감이 향상된다.

❖ **대리경험**······타인의 성공과 실패를 얼마나 그리고 절실하게 목격했느냐 하는 대리경험에 의해 자기효능감이 영향을 받는다는 것이다. 예 : 비록 자신이 참여하지는 못해도 다른 대리인의 모습을 통해 충족을 얻음과 동시에 스스로가 직접 참여하고 해낼 수 있다는 믿음이 고무되는 현상이다.

❖ **언어적 설득**······타인으로부터 무엇인가를 잘 해낼 수 있다는 말을 얼마나 자주 듣느냐에 따라 자기효능감이 달라질 수 있다는 것이다. 예 : 주요타자의 격려 또는 칭찬(사회적 설득)이 있으면 자신감이 향상된다.

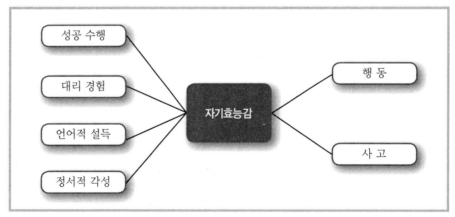

▶ **그림 3-30 자기효능감 모델**

❖ **정서적 각성**······인간은 불안·좌절 등과 같은 정서적 반응, 그리고 그것을 적절히 조절하는 능력에 의해서 자기효능감이 달라진다는 것이다. 예 : 신체적·정서적 컨디션이 좋으면 자기효능감도 높아진다.

■ ■ 유능성동기 이론

인간은 성취의 모든 영역에서 선천적으로 동기화(動機化)되어 있다. 즉 사람에게는 자신이 유능하다는 것을 남에게 보여주고 싶어 하는 유능성동기가 처음부터 있다는 것이다.

그래서 스포츠와 같은 성취 영역에서 유능감을 느끼기 위해서 숙련되려는 시도를 하고, 성공하면 유능성동기가 높아지고, 실패하면 유능성동기가 낮아진다.

실패해서 유능성동기가 낮아진 상태에서 숙달행동을 다시 시도해서 성공하면 유능성동기가 회복되지만, 또다시 실패하면 포기하게 된다.

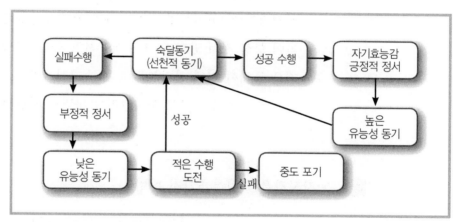

▶ 그림 3-31 유능성동기 모델

❸ 자신감을 향상시키는 방법 ·······················

자신감은 개인의 성격적 특성이라고 할 수도 있지만, 인지적 특성의 경향이 더 강하다. 인지적 사고는 환경에 따라 변할 수 있기 때문에 자신감도 변화시킬 수 있다.

다음은 자신감을 향상시킬 수 있는 몇 가지 방법이다.

❖ 이전의 성공적인 수행경험이 자신감을 향상시키고, 미래의 과제도 성공적으로 수행할 수 있는 가능성을 높인다. 그러므로 지도자는 선수들이 성공경험 또는 대리경험을 할 수 있는 기회를 늘리려고 노력해야 한다.

❖ 선수 자신이 자신 있는 행동을 해야 한다. 자신 있게 행동하면 자신감이 더 생기고, 자신감 없는 행동이나 표정을 하면 상대 선수의 자신감만 더 올려준다.

❖ 긍정적인 내용의 혼잣말(자화)을 한다.

❖ 지나간 실수 또는 앞으로 닥칠 일을 생각하지 않는다.

❖ 신체적인 컨디션을 좋게 유지하면 자신감이 향상된다. 과훈련으로 몸이 항상 지쳐 있으면 자신감이 저하되므로 적당한 휴식과 영양섭취를 통해서 신체 컨디션을 좋게 유지해야 한다.

❖ 긍정적인 정서를 갖고 자기관리를 하면서 시합준비를 철저히 한다.

■ 자신감을 되찾는 5가지 방법

❖ 과거에 성취감으로 행복했던 순간을 회상하고 미래에 맛볼 성취감을 상상해보라!

❖ 긴장해서 실패한 거라고 변명하지 말고 스스로도 감동할 정도로 노력해보라!

❖ 앞으로의 나를 위해 도전하는 자만이 성취할 수 있다.

❖ 어떤 친구라도 나보다 나은 부분이 있고 나보다 부족한 부분도 있다.

❖ 남들의 평가로 자신을 바라보지 말라. 당신의 가치는 당신만이 규정

할 수 있는 것이다.

06 심상

❶ 심상의 개념과 유형

■ 심상의 정의

심상(心象 ; imegery)은 한자의 뜻 그대로 마음(心)에 그려지는 상(象)을 말한다. 실제로 어떤 대상을 직접 보는 것도 아닌데 구체적으로 표현된 묘사나 비유를 보면 대상을 직접 보고 겪는 것 같은 느낌을 갖게 되는 것이다. 예를 들어 백두산을 머릿속에 그리는 경우, 실제로 보는 것만큼 생생하지는 못하더라도 그 형태라든가 산꼭대기에 쌓인 눈 따위가 떠오르면 그것을 '백두산의 심상'이라고 한다.

다음은 심상에 대한 정의, 또는 심상을 떠올리는 방법을 정리한 것이다.

❖ 이전에 경험한 것이 마음속에서 시각적으로 나타나는 상이다.

❖ 모든 감각을 활용하여 마음속으로 어떤 경험을 재현하거나 창조하는 것이다.

❖ 기억 속에 있는 감각경험을 회상해서 외적인 자극없이 내적으로 수행하는 과정이다.

❖ 지각적인 자극이 없는 상태에서 지각경험과 유사한 것을 재현하거나 새로 만들어내는 것이다.

❖ 실제로는 신체적인 활동을 하지 않으면서 활동하는 것을 머릿속으로 상상하는 것이다.

위의 설명을 종합하면 "심상은 실제로 보거나, 듣고, 느끼는 등 실제의 감각적 경험과 유사하지만, 심상을 일으키는 자극이 외부에서 시작되는 것이 아니라 인간의 내부에서 시작된다."

■ 심상의 유형

위에서는 심상을 '어떤 대상을 눈으로 보는 것같이 그 모습을 머릿속으로 떠올리는 것'이라고 설명하였지만, 실제로는 모든 감각적으로 다 심상을 떠올릴 수 있다. 예를 들어 '빵'을 시각적으로 모양을 떠올릴 수도 있지만, 후각적으로 냄새를 떠올릴 수도 있고, 촉각적으로 말랑말랑함을 떠올릴 수도 있다.

그래서 어떤 감각을 이용해서 심상을 떠올리느냐에 따라서 시각적 · 청각적 · 촉각적 · 미각적 · 후각적 심상으로 나눌 수도 있다. 모든 감각기관을 다 이용해서 심상을 떠 올려야 가장 효과적인 심상을 떠올릴 수 있다고 한다.

그러나 여기에서는 심상을 내적 심상과 외적 심상으로 나누어서 설명하기로 한다.

❖ 내적 심상
- 수행자 자신의 관점에서 수행장면을 상상하는 것이다.
- 운동감각을 느껴보려고 할 때 적합하다.
- 자신이 수행한 동작 전체를 신체 안의 위치나 입장에서 시각, 청

각, 촉각, 운동감각 등을 총동원하여 시연하는 것이다.
- ❖ **외적 심상**
  - 관찰자의 관점에서 수행장면을 상상하는 것이다.
  - 잘못된 동작을 수정하려고 할 때 적합하다.
  - 운동수행의 모습을 비디오로 촬영한 다음 모니터에 비추어 나타나는 상을 외부 관찰자의 입장에서 뇌에 그리는 것이다.

예를 들어 퍼터를 잡고 공을 홀컵 안으로 밀어 넣는 과정을 심상하되, 체내에서 그순간의 감촉·소리·느낌 등을 시연하면 내적심상이고, 퍼트 모습을 시각적 또는 감각적으로 그리면서 어떤 것이 잘못되었는지 생각하면 외적 심상이다.

❷ 심상 이론

심상에 대한 이론에는 심리신경근 이론, 상징학습 이론, 생체정보 이론, 각성활성화 이론 등이 있다.
- ❖ **심리신경근 이론**……심상 연습을 하면 실제로 운동하는 것과 유사한 자극이 근육과 신경에 가해진다. 그러므로 심상을 하면 실제 수행에 비하여 아주 미세하지만 근육의 움직임이 일어나서 신경과 근육의 기억훈련을 할 수 있다. 특히 부상으로 훈련을 할 수 없는 경우에 심상훈련을 하면 신경과 근육의 기억을 훈련시킬 수 있다.
- ❖ **상징학습 이론**……운동을 하면 그 운동의 요소들이 뇌에 상징(부호=code)으로 기록된다. 심상 연습이 그 상징(부호)들을 연습할 수 있는 기회를 제공한다. 그러므로 심상훈련은 동작에 대한 청사진을

그래서 운동수행을 더욱 더 원활하게 하고, 동작을 더 잘 이해할 수 있게 하며, 동작을 자동화시킬 수 있다.

❖ **생체정보 이론**······심상은 뇌의 장기기억 속에 미리 저장되어 있는 것 (preposition, 전제)이다. 전제에는 자극전제와 반응전제가 있다. 운동을 일으키게 하는 자극에 관련된 내용이 자극전제이고, 자극에 대하여 반응하는 내용과 관련된 것이 반응전제이다. 그러므로 심상을 통해서 반응전제를 반복적으로 일으켜서 그것을 수정 · 강화하면 운동수행을 향상시킬 수 있다.

❖ **각성활성화 이론**······심상훈련을 하면 운동하기에 적합할 정도로 각성수준이 활성화된다.

■ 심상의 효과

심상 연습의 효과는 개인마다 다르지만, 대체적으로 다음과 같은 효과를 기대할 수 있다.

❖ 심상을 통해서 목표를 성취하는 자기 자신을 보거나 느낌으로써 자신감을 향상시킬 수 있다.

❖ 과거의 경기를 회상하거나 미래의 경기를 상상하면 동기를 유발시킬 수 있다.

❖ 긴장을 이완시키는 심상을 통해서 불안을 해소하거나 차분해질 수 있고, 바짝 정신을 차리고 힘을 내게 하는 심상을 통해서 자신의 에너지 수준을 관리할 수 있다.

❖ 동작을 천천히 하는 심상을 함으로써 복잡한 동작을 단순한 기술로 감소하거나 기술적인 실수를 분석함으로써 기술을 학습하고 완성할 수 있다.

❖ 주의가 산만해졌을 때 재집중할 수 있다.

❖ 시합에 들어가기 전에 시합환경에 있는 자신을 상상하거나 운동수
행에 중요한 요인을 마음속으로 시연함으로써 마음의 준비를 할 수
있다.

■ 심상의 효과에 영향을 미치는 요인

심상훈련의 효과는 심상의 종류, 선명도, 조절능력, 기술수준에 따라 다
르게 나타난다.

❖ **심상의 종류**······내적 심상과 외적 심상의 효과가 다르게 나타난다.

❖ **심상의 선명도**······떠올리는 이미지가 뚜렷할수록 심상의 효과가 좋
고, 많은 감각을 동원할수록 이미지가 선명해진다.

❖ **심상의 조절능력**······원하는 이미지를 떠올릴 수 있어야 한다. 부정적
인 이미지가 자꾸 떠오르면 부정적인 효과가 생긴다.

❖ **기술 수준**······개인의 기술수준이 높을수록 심상의 효과가 크다.

❖ **심상연습**······심상과 같은 심리기술도 연습을 많이 하면 향상된다. 그
러므로 매일 심상연습을 하는 시간을 정해놓고 규칙적으로 심상을
연습해야 한다.

❸ 심상의 측정과 활용

■ 심상능력(기술)의 측정

심상을 측정하는 도구로는 마텐스(R. Martens)가 개발한 스포츠심상질문지

가 있다.

마텐스(Martens)의 스포츠심상질문지는 다음의 4가지 상황으로 나누어져 있다(표 3-6).

- ❖ 혼자서 연습하는 상황
- ❖ 타인이 보고 있는 상황
- ❖ 동료 선수를 관찰하는 상황
- ❖ 시합 출전 상황

각 상황마다 5개의 문항이 있는데, 그 문항은 차례로 시각, 청각, 운동감각, 기분상태, 심상의 조절능력 등을 묻는 문항이다.

각 문항에 대한 응답은 '매우 나빴다'에서 '매우 좋았다'까지 5단계로 대답할 수 있도록 만들어져 있다.

그러므로 상황별로 점수를 합하면 4가지 상황별 심상능력 점수가 나오고, 문항 번호별로 점수를 합하면 심상의 종류별 심상점수가 나온다.

점수가 높으면 심상기술이 좋은 것이므로 그 상태를 유지하려고 노력해야 하고, 점수가 낮으면 심상기술이 좋지 않은 것이므로 매일매일 심상훈련을 해서 심상기술을 발전시키려고 노력해야 한다.

▶ 표 3-6　스포츠심상질문지

1. 혼자서 연습하는 상황

(상황) 축구기술 중 한 가지를 선택한다. 평소에 연습하는 장소에서 주변에 아무도 없이 혼자서 그 동작을 수행하는 장면을 상상한다.

⇒ 약 1분간 눈을 감고 그 장소에서 연습하는 자신의 모습을 보고, 소리를 듣고, 몸의 움직임과 기분상태를 느껴보자.

	매우 나빴다			매우 좋았다
1. 동작을 수행하는 자신의 모습이 얼마나 잘 보였는가?	1	2	3	4	5
2. 동작을 수행하는 소리는 얼마나 잘 들렸는가?	1	2	3	4	5
3. 동작을 수행하는 느낌이 얼마나 잘 느껴졌는가?	1	2	3	4	5
4. 기분상태가 얼마나 잘 느껴졌는가?	1	2	3	4	5
5. 이미지를 얼마나 잘 조절할수 있는가?	1	2	3	4	5

2. 타인이 보고 있는 상황

(상황) 주변에 있는 코치나 동료선수가 당신이 한 드리블 실수를 눈치챈다.

⇒ 약 1분간 눈을 감고 자신이 어떤 실수를 하는 장면과 실수를 한 직후의 상황을 가능한 명확하게 상상해 보자.

1. 동작을 수행하는 자신의 모습이 얼마나 잘 보였는가?	1	2	3	4	5
2. 동작을 수행하는 소리는 얼마나 잘 들렸는가?	1	2	3	4	5
3. 동작을 수행하는 느낌이 얼마나 잘 느껴졌는가?	1	2	3	4	5
4. 기분상태가 얼마나 잘 느껴졌는가?	1	2	3	4	5
5. 이미지를 얼마나 잘 조절할수 있는가?	1	2	3	4	5

3. 동료선수를 관찰하는 상황

(상황) 동료선수가 시합에서 패널티킥 실축, 패스미스 등과 같이 실수하는 상황을 가정한다.

⇒ 약 1분간 눈을 감고 동료선수가 시합에서 실수하는 장면을 상상해 보자.

			매우 나빴다	매우 좋았다	
1. 동작을 수행하는 자신의 모습이 얼마나 잘 보였는가?	1	2	3	4	5
2. 동작을 수행하는 소리는 얼마나 잘 들렸는가?	1	2	3	4	5
3. 동작을 수행하는 느낌이 얼마나 잘 느껴졌는가?	1	2	3	4	5
4. 기분상태가 얼마나 잘 느껴졌는가?	1	2	3	4	5
5. 이미지를 얼마나 잘 조절할수 있는가?	1	2	3	4	5

4. 시합출전 상황

(상황) 자신이 시합에서 어떤 동작을 능숙하게 수행하여 관중과 동료가 환호를 하는 상황을 가정한다.

⇒ 약 1분간 눈을 감고 관중이 환호하는 장면을 상상해 보자.

1. 동작을 수행하는 자신의 모습이 얼마나 잘 보였는가?	1	2	3	4	5
2. 동작을 수행하는 소리는 얼마나 잘 들렸는가?	1	2	3	4	5
3. 동작을 수행하는 느낌이 얼마나 잘 느껴졌는가?	1	2	3	4	5
4. 기분상태가 얼마나 잘 느껴졌는가?	1	2	3	4	5
5. 이미지를 얼마나 잘 조절할수 있는가?	1	2	3	4	5

채점 방법

1번 질문에 답한 점수(시각점수)의 합계=(　　　)점

2번 질문에 답한 점수(청각점수)의 합계=(　　　)점

3번 질문에 답한 점수(운동감각)의 합계=(　　　)점

4번 질문에 답한 점수(기분상태)의 합계=(　　　)점

5번 질문에 답한 점수(조절능력)의 합계=(　　　)점

평가

영역별 최저점은 4점이며, 최고점은 20점이다. 20점에 가까울수록 해당 영역의 기술이 좋은 것을 의미한다. 영역별 총점을 계산하여 다음과 같은 기준으로 영역별 수준을 평가한다.

⋯➡ 18~20점 : 기술수준이 높음. 주기적으로 연습하여 높은 수준을 유지해야 한다.

⋯➡ 13~17점 : 기술수준이 보통. 매주 시간을 할애하여 심상기술을 발달시켜야 한다.

⋯➡ 12점 이하 : 매일 연습을 통해 심상기술을 발달시켜야 한다.

출처 : 정청희·김병준(2009)에서 수정 게재함.

■ 심상의 활용

심상을 활용할 수 있는 방법은 거의 제한이 없다. 즉 심상을 잘 활용하면 스포츠와 관련된 무엇이든 향상시킬 수 있다.

❖ **스포츠기술 연습**……마음속으로 상상해서 기술의 특정 부분을 반복적으로 연습할 수도 있고, 실수한 부분만을 선택해서 올바르게 고치는 연습을 할 수도 있다.

❖ **스포츠전략 연습**……상대선수를 상상하면서 개인 전략을 연습할 수도 있고, 상대팀을 가상해서 팀 전략을 시험해볼 수도 있다. 예를 들어 농구의 수비형태, 탁구의 서브, 테니스의 리턴 스트로크 등을 연습할 수 있다.

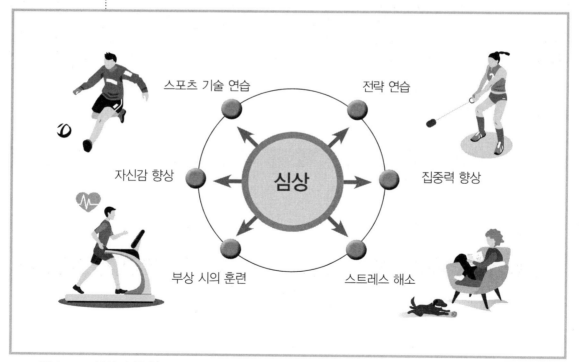

▶ **그림 3-32 심상의 활용**

❖ **집중력 향상**······시합 시에 사용할 기술이나 전술의 우선순위를 정해서 시합집중 훈련을 함으로써 실전 시 당황하지 않고 계획대로 실천에 옮길 수 있다.

❖ **자신감 향상**······성공적으로 수행했던 장면과 느낌 등을 떠올려서 반복적으로 심상하면 자신감이 향상된다.

❖ **감정조절**······긴장과 불안을 야기하는 상황을 긍정적인 상황으로 대처하는 심상훈련을 함으로써 감정을 조절할 수 있다.

❖ **스트레스 해소**······스트레스 해소에 도움이 되는 장면을 심상함으로써 스트레스 해소에 도움이 될 수 있다.

❖ **부상회복의 촉진**······부상 때문에 실제 연습이 불가능한 상태일 때에도 고민만 하지 말고 심상을 통해서 연습함으로써 기능저하를 둔화시킬 수도 있고, 빠르게 원래의 기량을 회복할 수도 있다.

07 주의집중

❶ 주의의 개념

주의(注意 ; attention)를 국어사전에서 찾아보면 "마음에 새겨 두고 조심함. 어떤 한 곳이나 일에 관심을 집중하여 기울임. 경고나 훈계의 뜻으로 일깨움"이라고 설명되어 있다.

심리학에서도 국어사전에 써져 있는 것과 똑같이 "관심을 기울일 대상을 선정하는 것 또는 그러한 능력"을 주의라고 한다.

경기를 할 때 주의를 유지하는 것은 최상의 수행을 위한 필수조건이다. 관중의 함성, 심판의 오심, 자신의 실수에 대한 자책과 같은 요인 때문에 주의집중력이 떨어지는 순간부터 상대와의 싸움이 아니라 자신과의 싸움이 시작된다. 주의를 산만하게 만드는 요인들을 모두 제거할 수는 없지만 불필요한 주의산만 요인들을 차단할 수 있어야 운동수행을 잘 할 수 있다.

모건(W. P. Morgan)은 주의의 특성을 다음과 같이 설명하였다.

❖ 용량성……한 번에 관심을 기울일 수 있는 정보의 양에는 한계가 있다. 즉 아무리 주의를 기울이려 해도 용량에 한계가 있기 때문에 더 이상은 주의를 기울일 수 없는 한계가 있다.

❖ 선택성……어떤 특정 대상을 선택해서 관심의 초점을 맞출 수 있다. 경기 중에 주의를 기울이라고 말을 해도 선수에 따라서 주의를 기울이는 대상이 다르다. 농구를 예로 들면 어떤 선수는 슈팅에 주의를 기울이고, 어떤 선수는 수비에 주의를 기울이고, 어떤 선수는 감독의 눈치를 살피는 데에 주의를 기울인다.

❖ 배분성……몇 가지 대상에 관심을 나누어서 기울일 수 있다. 예를 들어 슈팅을 하려고 링을 주시하면서 블로킹을 피하고 동시에 여의치 못할 경우 패스를 할 동료선수의 위치를 확인한다.

❖ 경계성(준비성)……예고없이 일어나는 자극에 순간적으로 반응할 준비가 되어 있다. 예를 들어 축구 골키퍼는 언제 어디서 슈팅이 날아올지 모르기 때문에 항상 준비 또는 경계 태세를 갖추고 있다.

❷ 주의집중의 유형과 측정

주의집중이란 교사가 학습자의 관심과 에너지를 학습목표 구현의 방향으로 일관되게 이끄는 일 또는 개인이 필요한 자료를 얻기 위해서 외부 환경을 탐색하는 적극적이고 선택적인 힘을 말하고, 다른 불필요한 자극들은 무시하고 필요한 자극들만 선택해서 받아들이는 것이다.

로빈슨(K. Robinson : 1995)에 의하면 주의집중은 다음과 같은 특성이 있다고 한다.

❖ **선택적 특성**……주의집중은 모든 정보를 기억하고 저장하는 것이 아니라, 그중 특별한 정보만 선택하는 과정이다.

❖ **제한적 특성**……인간은 여러 가지 정보를 모두 동시에 집중할 수 없다. 인간의 인지능력에는 한계가 있기 때문에 개인이 관심을 가지는 특별한 정보에만 집중할 수 있다.

❖ **개인의 부분적 통제**……사람들은 특별한 정보를 선택하여 집중할 뿐만 아니라 주의집중에 대한 부분적인 통제로 말미암아 주의를 집중할 수 있다.

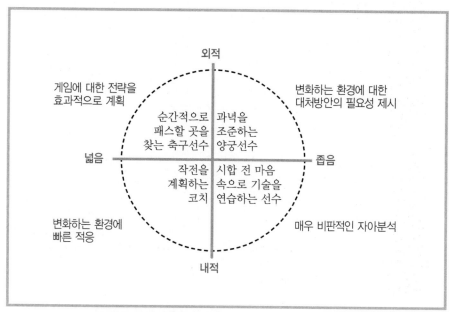

▶ **그림 3-33 스포츠상황에서 주의 유형**

니더퍼(R. M. Nideffer : 1976)에 의하면 운동경기에서 주의를 집중하는 유형을 주의의 방향과 주의의 폭에 따라서 다음과 같이 4가지로 나눌 수 있다고 한다.

❖ 넓은-내적……한 번에 많은 양의 정보를 분석할 수 있다.

❖ 좁은-내적……하나의 단서에만 주의의 초점을 맞춘다.

❖ 넓은-외적……상황을 빠르게 판단할 수 있다.

❖ 좁은-외적……한두 가지 목표에만 주의를 집중할 수 있다.

주의집중의 유형을 측정할 수 있는 검사지에는 니더퍼(Nideffer)가 개발한 TAIS(Test of Attentional and Interpersonal Style)가 있다.

	넓은	좁은
내적	**넓은-내적** "내면의 큰 그림을 분석한다." 장점 · 한번에 많은 정보 분석 가능 · 경기 계획이나 전략 개발에 필수적임 단점 · 과도한 분석을 하게 될 수 있음 · 운동성수가 과제와 관련 없는 것까지 생각하면 생각이 너무 많아질 수 있음	**좁은-내적** "내면의 생각에 초점을 둔다." 장점 · 하나의 생각이나 단서에만 초점을 둠 · 자신의 신체 지각, 에너지 관리, 심상에 필수적임 단점 · 압박감을 느낄 수 있음 · 운동선수들이 내면의 상태로 인해 주의가 분산될 수 있고, 자신의 생각에 갇혀버릴수 있음
외적	**넓은-내적** "외부 환경을 평가한다." 장점 · 상황을 빠르게 판단할 수 있음 · 환경 관련 모든 단서를 지각하는 데 필수적임 단점 · 관련이 없거나 주의를 분산시키는 단서에 초점을 둘 수 있음 · 쉽게 속임수에 넘어갈 수 있음	**좁은-내적** "하나의 대상에 초점을 둔다." 장점 · 하나 또는 두 개의 주요 목표물에만 집중할 수 있음 · 주의분산 요인 차단에 필수적임 단점 · 주의의 폭이 너무 좁아서 중요한 단서를 놓칠 수 있음

▶ 그림 3-34 주의의 폭과 방향에 따른 장점과 단점

▶ 표 3-7   간편형 TAIS

		그렇지 않다	거의 그렇지 않다	때때로 그렇다	자주 그렇다	항상 그렇다
1	나는 축구경기 또는 4~5명의 선수가 동시에 시합을 갖는 복잡한 경기상황에서 게임이 어떻게 전개되어 가고 있는가를 정확하고 빠르게 분석할 수 있다.	1	2	3	4	5
2	나는 어린이들로 꽉 찬 교실이나 체육관에서 어린이들 각자가 무엇을 하고 있는가를 쉽게 파악할 수 있다.	1	2	3	4	5
3	다른 사람이 나에게 이야기를 할 때 나는 내 주위에서 들리는 소리나 눈앞에 나타나는 것 때문에 주의가 산만해짐을 느낀다.	1	2	3	4	5
4	나는 동시에 여러 상황이 전개되는 서커스나 축구경기와 같은 장면을 볼 때 정신이 혼란함을 느낀다.	1	2	3	4	5
5	나는 적은 정보를 가지고 많은 아이디어를 쉽게 끌어낼 수 있다.	1	2	3	4	5
6	나는 각기 다른 여러 분야에서 아이디어를 쉽게 끌어낼 수 있다.	1	2	3	4	5
7	다른 사람이 나에게 이야기를 할 때 나는 내 자신의 아이디어나 생각에 골몰하여 주의가 산만해짐을 느낀다.	1	2	3	4	5
8	너무 많은 일을 마음속에 두고 있기 때문에 하려는 일에 혼동이 생기고 또 쉽게 잊어버리게 된다.	1	2	3	4	5
9	나는 TV를 보거나 라디오를 들으면서 별로 어렵지 않게 내가 생각하고 있는 것을 계속할 수 있다.	1	2	3	4	5
10	나는 TV를 보거나 혹은 라디오를 들어야겠다고 생각하면 머릿속에 어떤 잡념이 떠오른다 할지라도 쉽게 TV나 라디오를 보고 듣는 것에 집중 할 수 있다.	1	2	3	4	5
11	나는 단 한가지 생각이나 아이디어에 마음을 집중시키기가 어렵다.	1	2	3	4	5
12	나는 경기상황에서 한 사람의 플레이는 주시할 수 있으나 나머지 사람들의 플레이를 주시하지 못해서 실수를 범한다.	1	2	3	4	5

❸ 주의집중과 경기력의 관계

■ 주의형태의 변화

선수들은 경기에 집중하기 위해서 경기 도중에 주의 형태가 다음과 같이 달라진다.

❖ 정신적 유연성이 감소한다.

❖ 주의집중의 범위가 좁아진다.

❖ 각성수준이 높아져서 주의형태가 좁은-내적으로 변한다.

❖ 신체감각과 같은 내적 대상에 주의가 집중된다.

■ 주의집중과 운동수행의 관계

주의집중과 운동수행 사이에는 다음과 같은 관계가 있다고 한다.

❖ 선수의 정서 상태와 주의집중 능력 사이에는 깊은 관계가 있다.

❖ 과제수행에 필요한 주의 유형과 선수가 잘하는 주의 유형에 따라서 수행능력에 차이가 생긴다.

❖ 수행자의 주의초점 능력과 주의전환 능력에 따라 수행에 차이가 생긴다.

❖ 오랫동안 주의를 집중할 수 있는 능력(에너지의 양)에 따라 수행에 차이가 생긴다.

❹ 주의집중 향상 기법 ┈┈┈┈┈┈┈┈┈┈┈┈┈┈┈┈┈┈┈┈┈┈┈┈

주의집중을 향상시키는 방법에는 다음과 같은 것들이 있다.

❖ 주의산만 요인에 노출시킨다.-모의훈련
❖ 주의초점의 전환을 연습한다.
❖ 지금 현재 수행하고 있는 일에 전념한다.
❖ 적정 각성수준을 찾는다.
❖ 주의를 다시 집중하는 훈련을 한다.
❖ 조절할 수 있는 것에 집중한다.
❖ 수행 전 루틴을 개발하여 연습한다.

08 루틴

❶ 루틴의 개념과 활용 ┈┈┈┈┈┈┈┈┈┈┈┈┈┈┈┈┈┈┈┈┈┈┈┈┈┈┈┈┈

선수들은 시합을 하는 도중에 걱정이나 주의분산과 같은 부정적 환경 상황에 노출되기 마련이다. 그러한 상황에 심리적 부담을 느껴 각성수준이 높아지면 집중이 잘 안 되어 수행의 일관성이 떨어지고, 결과적으로 기술수행력이 저하되어 최상의 경기력을 발휘할 수 없게 된다.

그러한 상황을 모면하기 위해서 선수가 자신만의 독특한 동작이나 절차를 습관적으로 행하는 것을 루틴이라고 한다. 그러므로 루틴은 연습시간에 개발되고 훈련되는 신체적·심리적·환경적인 기술이다.

루틴(routine)은 의식을 뜻하는 리튜얼(ritual)이나 징크스(jinx)와는 다르다. 리튜얼이나 징크스는 경기력과는 전혀 상관이 없는 미신 내지 관습 또는 제례순서와 비슷한 것으로 항상 불운과 관련이 있다.

루틴의 유형은 다음과 같이 나눈다.

■ 수행 전 루틴

신체적이고 기술적인 준비운동, 필수적인 전술에 대한 재점검, 장비의 준비, 동료와의 대화, 심리적 준비(마음의 준비) 등을 모두 포함하고, 수행 전 또는 경기 전에 실시하는 루틴이다.

■ 수행 간 루틴

수행 중 또는 경기 중에 실시하는 루틴으로 경기시간이 오래 동안 지속되는 골프나 다이빙 같은 종목에서는 반드시 있어야 한다.

수행 간 루틴에 포함되어야 할 사항은 다음과 같다.

❖ **휴식**……이전의 운동수행에서 온 피로를 회복시켜 다음 수행을 위한 준비를 하는 것으로 심호흡과 근육이완이 많은 도움이 된다.

❖ **재정비**……경기 중에 흥분이나 혼란, 분노, 우울 등과 같은 감정을 느끼게 되는 경우가 많다. 그러한 감정들이 경기력에 부정적인 영향을 미치는 것을 예방하고, 오히려 운동수행에 도움이 되는 방향으로 전환시키는 것이다.

❖ **재집중**……경기 중 특히 압박감이 큰 상황에서 선수들은 지나간 일에 신경을 많이 쓰고 후회하게 된다. 그것은 경기력에 전혀 도움이

되지 않으므로 깨끗이 잊어버리고 처음 계획했던 대로 밀고 나가기 위해서는 정신적·신체적으로 재정비해야 한다.

■ 수행 후 루틴

운동수행 후 또는 경기 후에 실시하는 루틴으로, 성공이나 실패와 관계 없이 경험을 바탕으로 더욱 더 성장할 수 있는 토대를 만드는 것이다. 먼 저 자신의 신체상태를 점검하고 마사지를 받거나 치료를 하는 등 다음 경 기를 위한 준비를 시작한다.

다음으로는 장비를 점검해서 수선하거나 정비한다. 끝으로 마음을 다 잡는다. 실수나 실패 같은 좋지 않은 감정은 털어버리고, 성공에 안도하거 나 즐기려 하지 말고 자신의 약점과 강점을 분석하여 모자라는 것을 보충 하려고 노력해야 한다.

■ 미니 루틴

특정한 동작 직전에 실시하는 루틴이다. 농구의 자유투, 축구의 프리킥, 테니스의 서브, 달리기의 출발 등과 같이 짧은 시간 동안에 수행이 끝나는 동작을 시행하기 직전에 실시하는 루틴이다.

수행 전 루틴부터 미니루틴까지 4가지 루틴 전부 또는 그 일부를 수행 하면 다음과 같은 효과를 기대할 수 있다.

❖ 상황변화에 긍정적으로 대처하게 한다.

❖ 경기 중에 예상치 못한 경기상황 변화에 적절히 대처할 수 있게 한다.

❖ 자신이 조절할 수 있는 요인에 주의를 기울이게 한다.

❖ 외적 요인의 악화에 적절하게 대처할 수 있게 한다.

❷ 인지재구성의 개념과 활용

경기 중 또는 운동과제를 수행하는 중간에 선수들은 앞으로 닥칠 일에 대한 불길한 예감과 같은 부정적인 생각이 떠오를 수 있다. 그와 같은 부정적인 생각은 경기에 전혀 도움이 되지 않고 오히려 경기력을 저하시키는 요인으로 작용하기 때문에 부정적인 생각을 떨쳐버리고 긍정적인 생각으로 대체하는 것을 인지재구성이라고 한다.

인지재구성의 기본원리는 현재 걱정하고 있는 것이 자신의 힘으로 해결할(통제할) 수 있는 것인가, 아니면 자신의 힘이나 능력과는 상관없는 것인가를 확실하게 구분해서 자신의 힘이나 능력 밖의 일이면 전혀 생각을 하지 않고 오로지 자신의 능력 안의 일에만 전념하는 것이다.

인지재구성은 부정적인 생각을 긍정적인 생각으로 바꾸는 데에 효과가 있을 뿐 아니라 체계적인 훈련을 통해서 인지재구성 능력이 향상된다고 알려져 있다.

인지재구성을 하려면 먼저 선수 자신이 언제 어떤 형태로 부정적인 생각을 하는지 스스로 깨달아야 한다. 그다음에는 현재 부정적인 생각을 하고 있는 일이 자신이 통제할 수 있는지 스스로에게 질문을 해본다. 통제 불가능한 일이면 아예 생각에서 지워버리고, 통제 가능한 일에만 전념한다.

자신이 자주하는 부정적이고 불합리한 일이 없나 살펴보고 그런 것이 있으면, 부정적인 생각과 대체할 수 있는 합리적이고 긍정적인 생각의 목록을 작성한다. 그다음에는 부정적인 생각이 떠오르는 장면을 심상하고 긍정적인 생각으로 적절하게 대체하는 연습을 자주한다.

❸ 자기암시의 개념과 활용 ···

　　하버드대학의 윌리엄 교수에 의하면 아무리 사소한 생각이라도 예외없이 인간의 두뇌구조를 변화시켜서 흔적을 남긴다고 한다. 그러므로 어떤 생각을 반복적으로 계속해서 뇌 조직에 새겨놓으면 그 생각에 따라 성격이 바뀌고, 능력이 달라지며, 마침내는 인생의 패턴이 변화된다. 이것을 자기암시의 효과라고 한다.

　　우리는 늘 주위환경으로부터 암시를 받고 있고, 그것들이 우리의 잠재의식에 전달되어서 우리의 행동과 삶에 영향을 미치고 있다. 다만 우리가 그것을 인지하지 못하고 있을 뿐이다. 그러므로 우리가 어떤 말을 많이 듣고, 어떤 말을 많이 하고, 어떤 생각을 많이 하느냐가 아주 중요하다.

　　어릴 때부터 부모로부터 부정적인 말을 많이 듣고 자란 아이와 긍정적인 말을 많이 듣고 자란 아이는 사고방식과 성장가능성이 크게 다르다. 부정적인 자극이나 메시지를 계속해서 접하게 되면 두뇌에서 미세한 인식의 차이가 발생하여 우리 몸의 신호체계가 나쁘게 바뀐다고 한다.

　　이렇게 되면 아이들은 학습능력이 떨어지고 행동이 경망스러워지며 성격이 차분하지 못하고 들떠있게 된다. 아이들의 성적은 지능의 문제가 아니다. 학교에서 가르치는 내용이 대단한 지능을 필요로 하는 것이 아니고 어느 정도의 지능이면 노력을 통해서 해결할 수 있는 정도의 내용이기 때문이다.

　　성적은 지능의 문제라기보다는 오히려 의식과 태도의 문제이다. 어떤 연유로 인해서 스스로 '나는 공부를 잘하지 못해!'라고 주문을 스스로 매일같이 외우고 있는 아이에게는 어떤 비법이라도 효과가 있겠는가!

　　그러므로 어떻게든 아이의 생각을 바꾸어야 한다. "나도 공부를 잘 할 수 있어!"라고 자꾸만 되새기게 하는 것이다. 운동도 마찬가지이다. '나는 운동을 잘해!', '나는 틀림없이 국가대표선수가 될 거야!'라고 늘 되뇌이면 물방울이 바위에 구멍을 뚫듯이 훌륭한 선수가 될 수가 있다는 것이 자기 암시이다.

제4장

스포츠수행의 사회 심리적 요인

01 집단응집력

❶ 집단응집력의 정의 ··

    일반적으로 스포츠사회과학 분야에서 집단응집력은 "집단 구성원 사이의 관계 즉, 원활한 상호작용을 위한 노력으로 개인이 집단에 관여하고 집단을 위하여 헌신하는 의미"로 사용되고 있다.

    다음은 여러 학자들이 집단응집력의 정의를 내린 것 중에서 일부를 간추린 것이다.

- ❖ 집단의 구성원 사이에 정서적으로 친밀하다고 느끼고 집단에 애착을 공유하는 정도(Mill, 1967).
- ❖ 집단 이탈에 대한 저항을 포함하는 집단의 매력, 집단의 활동에 참여하도록 하는 구성원들의 동기화, 구성원들의 노력 및 협동(Carkwright, 1968).
- ❖ 집단의 해체를 방어하는 능력과 관련된 집단의 속성이며, 구성원들을 집단에 머물러 있게 하는 힘의 합계(Hones & Gerad, 1976).
- ❖ 집단 구성원들이 서로를 좋아하고 집단의 일원으로 존재하고 싶어하는 정도(Sehreischeim, 1980).
- ❖ 공동 목적을 달성하기 위해 단일 단위로서 사고하고 행동하는 집단의 힘(Duncan, 1981).

    이상의 정의들을 종합하면 집단 구성원들이 집단에 남아 있도록 하는 힘과 집단을 떠나지 못하도록 하는 힘을 합한 것을 집단응집력이라고 할 수 있다.

집단응집력은 과제응집력과 사회적 응집력으로 나눌 수 있다. 여기에서 과제응집력은 공통의 과제를 달성하기 위해서 서로 협력하는 힘이고, 사회적 응집력은 집단의 구성원들끼리 인간적으로 서로 좋아해서 생기는 힘을 말한다.

사회적 응집력이 높은 집단은 서로 개인적으로 매력을 느껴서 멤버로 함께있기를 좋아하고, 하나의 집단으로서의 사회화를 즐기는 경향이 있다. 그러나 팀의 목표에만 모든 노력을 바치지는 않는다. 사회적 응집력을 높게 만드는 가장 큰 동기는 팀 멤버십으로부터 받는 사회적 이익이다.

과제응집력이 높은 집단은 팀의 목표를 가장 중요시하는 경향이 있다. 프로야구팀의 경우 사회적 응집력이 낮더라도 과제응집력이 높으면 그 팀이 리그에서 우승할 수도 있다.

집단응집력의 크고작음을 결정하는 요인에는 개인적 요인, 리더십 요인, 팀 요인, 환경적 요인이 있다. 자세한 설명은 집단응집력 이론에서 한다.

❷ 사회적 태만과 집단생산성 이론

제1공화국 시절에 "뭉치면 살고 흩어지면 죽는다!"라는 구호 아래 여러 사람이 힘을 합쳐서 공동의 목표를 위해서 일을 하면 생산성이 높아진다고 생각하던 때가 있었다. 분명히 여러 사람이 힘을 합치면 혼자서는 도저히 할 수 없는 일을 해내는 등 이점이 많다.

스타이너(I. D. Steiner)는 배구나 농구와 같은 단체경기에서 포지션별로 전국에서 최고인 선수들을 뽑아서 구성한 팀이 일반 팀에게 지는 것을 보고 어떻게 해야 선수들 간에 협동심을 불러 일으켜서 팀의 전력을 최대한으로 높일 수 있을 것인지를 연구하다가 집단생산성 이론을 발표하였다.

그가 발표한 집단의 생산성 모델에 따르면 집단의 잠재적 생산성은 집단의 구성원 각자가 최선의 노력을 다 했을 때 각자의 생산성을 모두 합한 것이다. 그리고 집단의 실제 생산성은 집단의 구성원들이 모두 모여서 공동으로 과제를 수행했을 때의 생산성을 말한다. 잠재적 생산성에서 실제 생산성을 뺀 것을 과정손실이라고 한다. 즉

> 집단의 실제 생산성 = 잠재적 생산성 - 과정손실

혼자일 때보다 집단에 속해 있을 때 더 게을러지는 현상을 사회적 태만 또는 링글만 효과(Ringelmann effect)라 한다. 여러 사람이 모이면 사회적 태만 때문에 과정손실이 생긴다고 하였다.

사회적 태만의 원인	
	• **책임감 분산**······구성원이 늘어날수록 책임이 분산된다. • **노력의 무용성 지각**······자신의 노력이 집단의 수행 결과에 큰 영향을 미치지 않는다고 생각해서 노력을 덜하게 된다(무임승차). • **봉효과**······집단의 다른 사람이 최선을 다 하고 있지 않다고 생각해서 자신의 노력 수준도 거기에 맞추려고 한다. • **과제의 가치**······집단의 과제가 쉽게 달성할 수 있는 것이라고 생각되면 노력을 하지 않는다. • **집합적 노력**······집단의 성공에 자신이 기여수준이 낮다고 생각하고, 집단의 성공이 자신에게 별로 큰 가치가 없다고 생각해서 노력을 덜 한다. • **문화의 차이**······집단주의 문화권인 대만 아동들의 집단보다 개인주의 문화권인 미국 아동들의 집단에서 사회적 태만 현상이 더 많이 나타났다. • **집단의 특성**······친구들로 구성된 집단에서보다 낯선 사람들로 구성된 집단에서 사회적 태만 현상이 더 많이 일어난다. • **생산성의 착각**······집단과제를 수행할 때 자신의 기여도가 대단히 크다고 착각해서 노력을 덜 한다.

▶ 그림 4-1   사회적 태만의 원인

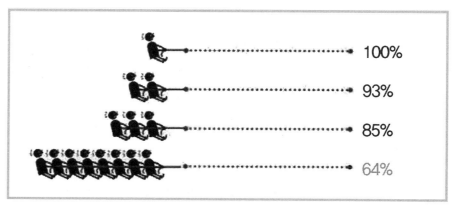

▶ 그림 4-2 링글만의 효과

　　과정손실은 구성원끼리 손발이 잘 안 맞아서 생기는 조정손실과 구성원들의 동기가 약화되어서 생기는 동기손실로 나눌 수 있다.

　　과정손실이 생기는 원인과 과정손실을 줄이는 방법은 다음과 같다.

과정손실이 생기는 원인	• 개인이 집단에서 일을 하면 사회적 영향력을 덜 받게 된다. • 개인이 집단에서 일을 하면 각성수준이 낮아진다. • 개인이 집단에서 일을 하면 집단의 성과를 높이기 위해서 자신의 노력이 꼭 필요한 것은 아니라고 생각하게 된다. 결과적으로 개인의 노력이 줄어든다.

▶ 그림 4-3 과정손실이 생기는 원인

과정손실을 줄이는 방법	• 구성원 각자가 노력한 정도를 확인할 수 있게 만든다. • 팀 내의 상호작용을 통해서 개인의 책임감을 높인다. • 팀 목표와 함께 개인 목표를 설정한다. • 선수와 선수 사이, 선수와 지도자 사이에 대화를 자주 한다. • 개인의 독특성이나 창의성을 이용해서 팀에 공헌하도록 만든다. • 강도 높은 훈련 뒤에는 휴식과 영양섭취를 통해서 재충전할 수 있게 만든다. • 서로 다른 포지션을 연습할 수 있는 기회를 주어서 팀 전체에 미치는 영향을 깨닫게 한다.

▶ 그림 4-4 과정손실을 줄이는 방법

❸ 집단응집력 이론 ······

캐론(A. V. Carron)은 그림 4-4와 같은 스포츠팀의 응집력 모형을 발표하였다. 그 모형에 따르면 스포츠팀의 응집력은 환경요인, 개인적 요인, 리더십 요인, 팀요인 등 4가지 요인에 의해서 응집력의 크기가 결정된다고 한다.

❖ 환경요인……여러 가지 주변 상황이 선수들을 하나의 구성원으로 묶어 놓는 힘이다. 여기에는 계약상의 의무, 규범적 압력, 조직의 지향

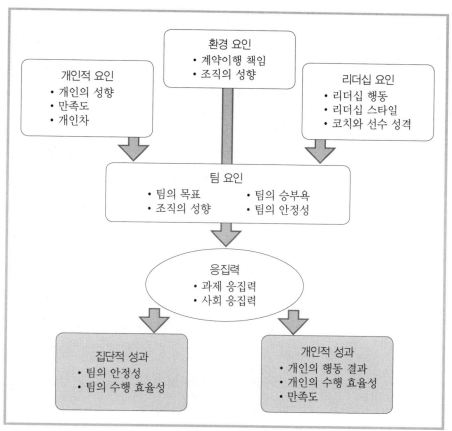

▶ 그림 4-5 스포츠팀의 응집력 모형(Carron, 1988)

성, 지리적 요인, 팀의 크기 등이 있다. 자기 팀의 숙소에서 오랜 기간 동안 함께 지낸다거나, 자기 팀의 버스로 연습장소나 시합장소로 이동하는 것과 같이 선수 상호간의 물리적 근접성은 응집력을 향상시킨다. 다른 집단과는 구별되는 자신의 팀의 차별성은 일체감과 단일성을 증대시킨다. 목표를 설정하거나 자기 팀만의 독특한 구호를 개발한다거나, 구성원 각자의 소개시간 갖기, 제시간에 빠짐없이 모두 다 같이 식사하기, 공식적인 행사를 비롯한 연습장소에서 의상 통일하기 등도 집단응집력을 향상시킨다.

❖ 개인적 요인……개인적 특성이 비슷한 사람끼리 모이면 팀의 응집력이 커진다. 선수들의 개인적 특징 및 성향도 팀의 응집력에 영향을 미친다. 예를 들어 상호 신뢰와 존중에 기초한 개인적 매력도 집단응집력을 증대시킨다. 여자 선수가 남자 선수에 비해 사회적 응집력이 높으며, 성격 · 인종 · 경제적 능력 등이 유사할수록 응집력이 높아진다.

❖ 팀요인……캐론(Carron)은 집단의 승리를 위한 강한 열망과 함께 너무 많지도 적지도 않은 적당한 정도로 같이 생활해온 팀이 응집력이 높다고 주장하였다. 팀의 과제, 승리를 위한 열망의 정도, 집단이 지향하는 목표, 팀의 능력, 팀의 안정성 등도 집단응집력에 영향을 미치는 팀요인 중 일부이다.

❖ 리더십요인……지도자의 행동, 선수와의 소통, 리더십 스타일 등이 리더십요인이다. 그라운드에서 선수들 사이에 싸움이 벌어졌을 때 양 팀 소속 선수들이 모두 그라운드로 몰려나와 뒤엉키는 것(벤치 클리어링)도 동료를 보호하고 팀의 단합을 공고히 해서 팀의 안정성을 구축하려는 행동이다.

❹ 집단응집력과 운동수행의 관계 ······················

　　응집력이 높으면 높을수록 팀의 수행 성공률이나 만족도가 높을 것으로 예상된다. 그러나 스포츠의 종류는 다양하고, 요구하는 과제도 다양하기 때문에 스포츠 유형 및 과제의 성격에 따라 요구되는 응집력의 수준이 다르다.

　　다음은 팀의 응집력이 좋고 나쁨과 팀의 성적 사이의 관계를 연구한 결과를 요약한 것이다.

❖ 팀의 응집력과 팀의 성적 사이에는 뚜렷한 관계가 나타나지 않지만, 팀이 승리하면 팀의 응집력은 더 좋아진다.

❖ 팀 구성원들 각자의 운동수행과 팀의 성적이 상호의존적인 스포츠(상호작용 종목)에서는 팀의 응집력이 좋으면 팀의 성적도 좋다.

❖ 팀 구성원들 각자의 운동수행과 팀의 성적이 독립적인 스포츠(공행 종목)에서는 팀의 응집력과 팀의 성적 사이에는 아무런 관계도 없다.

❖ 경기종목과 팀의 상황에 따라서 팀의 응집력과 팀의 성적이 정적 관계를 나타낼 수도 있고, 부적 관계를 나타낼 수도 있다.

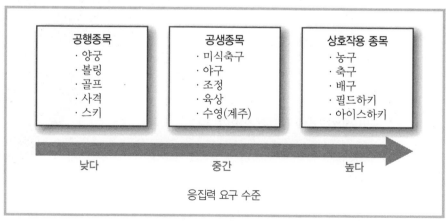

▶ 그림 4-5　스포츠 유형별 팀응집력의 요구 수준

앞의 결과를 요약하면 양궁, 볼링, 골프 등 공행종목(다른 선수와 함께 운동을 하지만 성적은 다른 선수와 전혀 상관이 없는 스포츠)에서는 팀응집력에 대한 요구수준이 낮은 반면, 구성원 간에 끊임없이 상호작용하는 스포츠(상호작용 종목)에서는 팀응집력에 대한 요구수준이 높다.

성공적인 팀은 높은 수준의 팀응집력과 만족감을 갖는 경향이 있지만, 팀응집력이 높아서 성공한 것이라기보다는 팀이 성공했기 때문에 팀응집력이 좋아진 것이다.

❺ 팀빌딩과 집단응집력 향상기법 ·····························

'팀구축' 또는 '팀빌딩'은 새로운 팀을 구성한다는 뜻이지만, '기존에 있던 팀을 재정비하여 팀응집력이 있는 팀다운 팀으로 변모시키는 것'도 팀빌딩이다. 팀빌딩은 주로 집단 내에서 사람과 사람 사이의 문제들을 해결

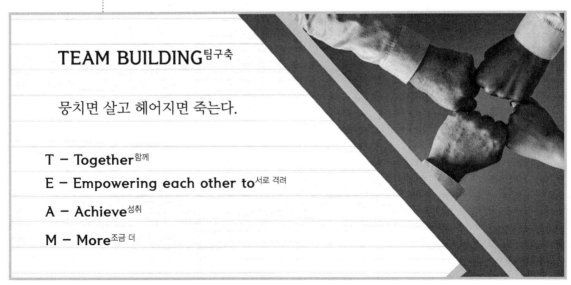

TEAM BUILDING팀구축

뭉치면 살고 헤어지면 죽는다.

T – Together함께
E – Empowering each other to서로 격려
A – Achieve성취
M – More조금 더

▶ 그림 4-6 팀빌딩

하려는 작업이라고 할 수 있다.

효과적으로 팀빌딩을 하려면 공통의 비전, 의사소통과 협력을 위한 장치, 장애물을 예상하고 미리 준비하는 것, 서로 명확하게 책임을 나누는 것 등이 필요하기 때문에 팀의 지도자나 리더뿐만 아니라 팀의 구성원 모두의 노력이 필요하다.

일반적으로 팀빌딩에는 목표의 재정비, 효과적인 작업관계의 수립, 구성원 간 업무 모호성 축소, 집단의 문제 해결 등이 포함되어야 한다.

팀빌딩을 하려면 다음 4가지 방법으로 접근해야 한다.

❖ **목표 설정**……팀과 개인의 목표를 분명하게 설정해야 한다.

❖ **임무 분담**……자신과 다른 팀원의 역할과 임무를 이해해야 한다.

❖ **문제 해결**……팀 내의 핵심적인 문제가 무엇인지 밝혀낸 다음 그것을 해결하기 위해서 전원이 노력해야 한다.

❖ **팀원 간의 관계 개선**……서로 지원하고, 소통하고 분담하는 등 팀워크를 향상시켜야 한다.

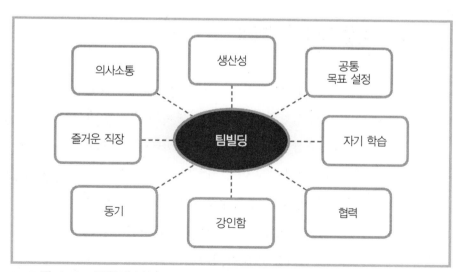

▶ **그림 4-7　팀빌딩 방법**

다음은 팀응집력을 향상시킬 수 있는 방법들이다.

❖ 팀이 다른 팀과 구별이 되게 만들고, 구성원들이 가깝게 지낼 수 있는 기회를 증가시키면 응집력이 향상된다.

❖ 팀의 구성원들이 각자의 역할을 명확하게 이해하고 그것을 수용하면 응집력이 향상된다.

❖ 달성 가능한 목표를 설정하고, 목표설정 또는 의사결정 과정에 구성원들을 참여시키면 응집력이 향상된다.

❖ 팀 구성원들의 상호작용이 증가하면 응집력이 향상된다.

❖ 팀의 규범에 순응하면 응집력이 향상된다.

02 리더십

❶ 리더십의 정의

헴필(Hemphill, 1957)은 '집단이 공동으로 지향하는 목적을 달성하기 위해서 집단 구성원들의 활동을 선도하는 것'을 지도자의 행동이라고 정의하면서 '구성원들의 행동을 집단의 공동목표를 효과적으로 달성할 수 있는 방향으로 유도하는 것'을 리더십이라고 정의하였다.

▶ 그림 4-8　리더십

한편 카트라이트(Cantwright, 1968)는 '집단의 목표를 선정하는 활동, 집단의 목표를 실현시키는 활동, 구성원 간의 상호작용을 높이는 활동, 집단 구성원들의 응집력을 높이는 활동'을 리더십이라고 정의하였다.

이러한 정의들을 살펴보면 다음과 같은 3가지 조건을 갖추고 있어야 리더십이 존재한다.

❖ 두 사람 이상으로 구성된 집단이 있어야 한다.

❖ 집단에 공동의 목표가 있어야 한다.

❖ 구성원들이 책임을 나누어서 분담하고 있어야 한다.

❷ 리더십 이론 ······

심리학에서 리더십을 주제로 한 연구에는 특성적 접근, 행동적 접근, 상황적 접근이 있다.

리더십 이론이란 ① 지도자의 지도행동을 유형별로 구분한 다음 ② 지도행동의 결과 즉, 집단의 공동목표를 얼마나 달성하였는지 효과성 또는 생산성을 측정해서 ③ 비교함으로써 가장 좋은 지도행동의 유형을 찾아내려고 노력하는 것을 말한다.

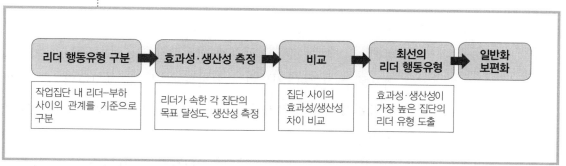

▶ 그림 4-9   리더십 이론의 연구논리

그러므로 리더십 이론을 연구하기 위해서 접근하는 방식에 따라 전혀 다른 이론이 나올 수밖에 없다. 리더십 이론을 지도행동 이론이라고도 한다. 다음은 접근방식과 대표적인 연구결과를 나열한 것이다.

➜ 특성적 접근(개인특성 이론)

지도자에게 필요한 인성이나 특성은 '타고나는 것'이라고 본다. 즉 우수한 지도자는 일반인보다 우수한 자질·인성·성격을 가지고 태어났으므로 성공적인 지도자가 된다는 접근방식이다. 특성적으로 접근한 연구결과를 보면 보나드(Bornard)는 지능·소양·책임감·지위 등의 정도에 따라 지도력이 결정된다고 하였고, 다비스(Davis)는 지능·사회성·동기·인간관계 등의 정도에 따라 선천적인 지도력이 결정된다고 보고하였다.

➜ 행동적 접근(행동특성 이론)

집단을 효율적으로 이끌기 위해서 필요한 보편적인 행동특성이 있는데, '그 행동특성은 학습에 의해서 성취되는 것'이라고 본다. 즉 지도자의 행동에 주목하는 접근방법이다.

❖ 권위형-민주형-방임형

리피트(Lippitt)와 화이트(White)는 지도자의 유형을 권위형, 민주형, 방임형으로 구분하고, 각 유형이 집단의 생산성에 미치는 영향을 측정하였다.

- 권위형……모든 정책과 목표를 지도자가 결정하여 집단에게 일방적으로 지시한다. 지도자는 위협과 강제력을 행사하며 구성원의 결점을 찾아내어 지적하고, 일이 잘못되면 희생양을 만들어서 책임을 묻는다.
- 민주형……모든 정책과 목표는 집단토의와 집단결정에 의하며, 지

도자는 구성원들을 격려하고 도와준다. 잘된 일을 칭찬하고, 일이 잘못되어도 구성원 한 사람에게 책임을 돌리지 않는다.

- **방임형**……모든 정책과 목표는 전적으로 집단의 책임이고, 지도자는 거의 관여하지 않는다. 지도자가 지시하는 일이 전혀 없고, 구성원 사이의 협력과 관련된 말도, 격려도, 칭찬이나 나무람도 없다.

그들은 위의 3가지 지도자 유형 가운데서 민주형이 가장 효과적이라고 결론을 내렸다.

❖ **구조-배려의 2차원적 유형**

오하이오 주립대학에서는 지도자의 리더십유형을 구조(과업중심, initiating structure)와 배려(consideration)를 두 축으로 하는 2차원적인 유형으로 구분하였다.

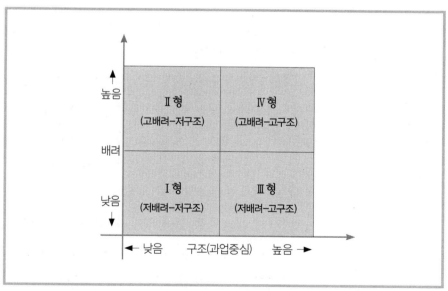

▶ 그림 4-10 오하이오 주립대학의 지도행동 유형 구분

- 구조(과업중심)……구성원들에게 특정 과업을 부여하고 표준적인 규칙과 기본적인 법규준수를 요구하는 형이다. 즉 업무처리의 절차와 과정을 정해놓고 구성원들에게 그것을 충실하게 이행하도록 요구하고, 구성원들의 개인적인 감정이나 정서를 고려하지 않고 공식적인 관계만 강조한다. 생산성 또는 업무중심성과 비슷하다.
- 배려……구성원과 지도자 사이에 우애, 상호신뢰, 존경과 존중, 온정 등을 강조한다. 인간중심 또는 관계중심과 유사하다.

위의 두 축을 이루는 성향의 많고 적음에 따라 그림처럼 저배려-저구조, 고배려-저구조, 저배려-고구조, 고배려-고구조 등 4개의 유형으로 구분하였다. 지도자행동기술질문지(LBDQ ; Leader Behavier Discription Questionnaire)와 지도자의견조사지(LOQ ; Leader Opinion Questionnaire)를 개발하여 집단의 생산성을 측정하였다.

그 결과 고배려-고구조형이 가장 이상적인 지도자 유형인 것으로 밝혀졌다.

❖ 관계지향 – 과제지향

피들러(Fieldler, 1978)는 리더십의 유형을 관계지향 지도자와 과제지향 지도자로 구분하였다. 관계지향 지도자는 과제의 진행보다 구성원들 간의 관계를 상대적으로 더 중요시하는 지도자를 말하고, 과제지향 지도자는 구성원들 중 일부가 불평을 하더라도 과제를 성공시키기 위해서 업무수행을 우선적으로 밀고 나가는 지도자를 말한다. 구성원들 중에도 관계지향 구성원과 과제지향 구성원이 있지만, 지도자의 유형이 집단의 성취와 분위기를 더 크게 좌우한다.

과제지향 지도자인지 관계지향 지도자인지는 '지도자의 의견에 반대하는 구성원을 지도자가 어떻게 대우하느냐?'에 따라 구분된다. 즉 해당 집단에서 가장 껄끄러운 구성원까지도 만족시키려고 애쓰면 관계지향 지도자이고, 그런 직원의 의견을 무시한 채 과제를 수행하는 데 몰두하면 과제지향 지도자로 분류된다.

대체로 과제지향성이 높으면(권위형) 관계지향성이 낮고, 관계지향성이 높으면(참여형) 과제지향성이 낮지만, 이 두 가지가 모두 높은(판매형) 유형도 있고, 이 두 가지가 모두 낮은(위임형) 유형도 있다.

- 지도자가 어떤 부서에 처음 들어갔을 때는 권위형 지도자가 효과적이다.
- 그러다 점차 구성원들과의 관계 성숙도가 증가하면 판매형 지도자가 효과적이다.
- 여기서 더 나아가 매우 친밀한 관계가 형성된 후에는 참여형 지도자가 호평을 받는다.

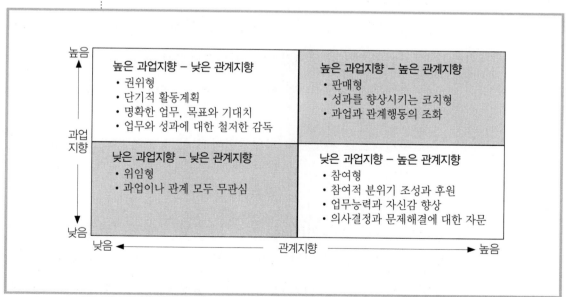

▶ **그림 4-11 과업지향과 관계지향 지도자의 유형**

- 끝으로 눈빛이나 표정만 보아도 지도자 또는 구성원이 무엇을 원하는지 알 수 있을 정도가 되면 위임형 지도자가 효과적이다.

이처럼 어떤 한 유형의 지도자가 모든 상황에 효과적이기보다는 구성원과 지도자 사이의 관계의 성숙도에 따라 효과적인 지도자 유형이 달라진다는 것을 알게 되었다.

➜ 상황적 접근(상황부합 이론)

상황에 따라 효과적인 리더십 스타일이 다르다는 것을 좀 더 체계적으로 검증한 것이 리더십의 상황부합 이론(Fiedler, 1993)이다. 앞에서는 구성원들과 지도자 사이의 친밀도가 변함에 따라서 효과적인 지도자 유형도 달라진다고 하였지만 여기에서는 상황에 따라 효과적인 지도자의 유형이 달라진다고 한 것이 다르다.

그렇다면 상황이 좋고 나쁜 것은 어떻게 결정되는가? 그것은 다음 3가지 조건에 따라 구분된다.

- ❖ 맨 먼저 구성원들이 지도자를 얼마나 좋아하는지에 따라 지도자와 구성원 사이의 관계가 좋고나쁨이 결정된다.
- ❖ 둘째로 과제가 구조화되어 있는 정도에 따라 과업구조가 좋고나쁨이 결정된다.
- ❖ 마지막으로 지도자의 지위권력이 강한 정도에 따라 좋고나쁨이 결정된다.

그림 4-12는 피들러(Fiedler)의 상황부합 이론을 그림으로 표시한 것이다. 그림에서 3가지 상황조건들이 모두 좋을 때와 모두 나쁠 때에는 과제지향 지도자가 더 효과적이고, 3가지 상황조건들이 어느 것은 좋고 어

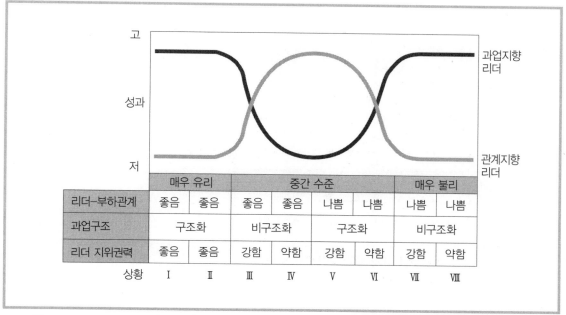

	매우 유리		중간 수준				매우 불리	
리더-부하관계	좋음	좋음	좋음	좋음	나쁨	나쁨	나쁨	나쁨
과업구조	구조화		비구조화		구조화		비구조화	
리더 지위권력	좋음	좋음	강함	약함	강함	약함	강함	약함
상황	Ⅰ	Ⅱ	Ⅲ	Ⅳ	Ⅴ	Ⅵ	Ⅶ	Ⅷ

▶ **그림 4-12** Fiedler의 상황부합 이론

느 것은 나빠서 전체적으로 중간 정도일 때는 관계지향 지도자가 더 효과적이라는 것을 알 수 있을 것이다.

과제를 단계적으로 수행해야 할 때와 명확한 결정을 내려야 할 때는 수직적이고 중앙집권적인 지도자가 효과적이었다. 그러나 사회가 복잡해지면서 많은 사람들의 지혜가 모일 때에는 최선의 선택이 가능한 경우가 많아지므로 독불장군과 같은 지도자는 더 이상 효과를 발휘할 수 없게 되어가고 있다. 소통의 방향과 마음의 움직임을 생각하면서 다양한 대안을 열린 마음으로 수용하는 자세를 가진 다원적 지도자가 구성원의 만족을 이끌어낼 수 있으면서도 결과적으로 가장 합리적인 최선의 결정을 할 수 있는 시대가 되었다. 즉 수평적 리더십과 다원적 소통이 필요한 시대가 되었다.

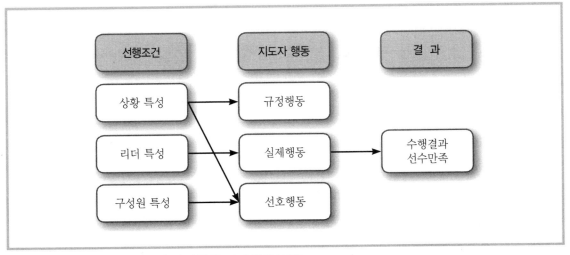

▶ 그림 4-13 Chelladurai의 다차원적 리더십의 모델

➜ 스포츠리더십의 다차원 이론

스포츠 상황에서 지도자의 행동이 선수의 만족도와 운동수행 능력에 어떤 영향을 미치는지를 규명하기 위해서 첼라두라이(P. Chelladurai : 1978)가 상황부합 이론을 기초로 해서 제시한 이론이 '스포츠리더십의 다차원 이론'이다. 그림 4-13처럼 선행조건의 영향을 받아서 지도자의 행동이 결정되고, 지도자의 행동이 선수의 만족도와 수행에 영향을 미친다는 것이다.

지도자의 행동에 영향을 미치는 선행조건에는 상황의 특성, 리더의 특성, 구성원의 특성이 있다. 즉 그때의 상황과 지도자의 성격이나 경력, 구성원의 경력이나 능력 등에 따라서 지도자의 행동이 결정된다는 것이다. 지도자가 취하는 행동에는 규정행동, 실제행동, 선호행동이 있다.

규정행동은 조직에서 지도자로서 당연히 취해야 하는 행동이고, 실제행동은 지도자가 실제로 한 행동이며, 선호행동은 선수가 바라는 지도자의 행동이다. 지도자로써 당연히 해야 할 행동을 지도자가 실제로 했고, 그렇게 행동해주기를 선수가 바랐다면 더 이상 바랄 것이 없지만 그 3가지 행동에 차이가 있으면 선수의 수행결과나 만족도가 떨어진다는 것이다.

마지막으로 선수의 만족도나 수행결과가 지도자의 행동에 다시 영향을 미친다고 한다. 즉 선수들이 만족해하면 지도자도 좋을 뿐 아니라 취했던 지도자 행동을 다시 취하도록 강화된다는 것이다.

❸ 리더십의 효과와 상황요인

리더십은 지도자 자신이 필요로 하는 것보다는 지도자가 이끄는 조직이나 구성원들과 더 큰 연관이 있다고 볼 수 있고, 가장 잘 맞는 옷을 찾기 위해서 여러 벌의 옷을 입어 보는 것과는 다르다. 그보다는 구성원들의 요구사항이나 조직이 직면하고 있는 과제와 같은 특수한 상황에 부합되도록 적응하는 것이라고 할 수 있다.

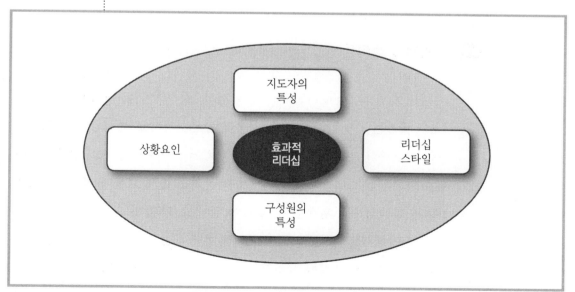

▶ 그림 4-14 효과적인 리더십을 위한 4가지 구성요인(Martens, 1987)

마텐스(Martens)는 효과적으로 리더십을 발휘하기 위한 4가지 구성요인을 제시하였다(그림 4-14). 즉 리더십이 충분히 효과를 발휘하기 위해서는 어느 한 가지 요인보다는 4가지 요인들의 상관관계를 이해해야 한다는 것이다.

■ 지도자의 특성

훌륭한 지도자들에게는 어느 정도 공통적인 특성이 있는데, 그 특성들은 필요조건이지 충분조건은 아니다. 즉 공통적인 특성을 모두 갖추고 있다고 해서 훌륭한 지도자가 되는 것이 아니라, 훌륭한 지도자가 되려면 그러한 특성들을 갖추어야 할 필요가 있다는 것이다.

훌륭한 지도자가 되기 위해서 필요한 공통적인 특성으로는 높은 지능, 적극성, 높은 수준의 자신감, 설득력, 융통성, 높은 성취동기, 내적 통제능력, 낙관성 등을 제시하였다.

■ 리더십 스타일

다니엘 골먼(Daniel Goleman)의 저서 『감성의 리더십(Primal Leadership)』에서는 리더십의 유형을 다음과 같은 6가지로 제시하였다. 그는 유능한 지도자란 조직운영 과정에서 부딪치게 되는 다양한 요구들을 처리할 때 어떤 한 가지 유형의 리더십으로는 곤란하고, 필요한 유형을 취사선택하면서 탄력적으로 활용할 수 있어야 한다고 하였다.

❖ **전망 제시형**……조직이 새로운 방향을 필요로 할 때 가장 적합한 유형이다. 이 유형이 지향하는 바는 새로운 공동의 목표로 구성원들을 이끄는 것이다.

❖ **일대일코치형**……개인이 성과를 향상시킬 수 있는 방법을 제시하고 그들의 목표를 조직의 목표와 결부시키도록 도우면서 개인의 발전에 초점을 맞춘다. 그러나 직원들이 '일거수일투족을 다 챙기는 간섭형'이라는 인식을 갖게 되면 역효과를 일으킬 수 있고 직원의 자신감을 떨어뜨릴 수 있다고 한다.

❖ **관계 중시형**……이 유형은 팀워크의 중요성을 강조하고 직원들을 서로 연대시켜 유대감을 조성한다. 조직 내에서 팀의 결속력 강화, 사기 진작, 의사소통 개선, 손상된 신뢰 회복 등에 유용하다고 한다.

❖ **민주형**……이 유형은 직원들의 지식과 기술을 활용하고 목표에 대한 구성원들의 집단적인 헌신을 이끌어낸다. 조직이 향해야 할 방향이 불분명해 지도자가 구성원들의 집단적인 지혜를 끌어 모아야 할 경우에 가장 유용하지만 긴박한 상황이 발생해서 신속하게 의사결정을 해야 할 경우에는 재앙적인 결과를 빚을 수도 있다.

❖ **선도형**……이 유형의 지도자는 "더 좋은 성과를 더 빨리 내는데 집착하면서 모든 구성원들에게 똑같은 요구를 한다." 그러나 이 유형은 사기를 저하시키고 직원들로 하여금 실패하고 있는 듯한 느낌을 줄 수 있기 때문에 반드시 필요한 경우에만 제한적으로 사용하는 것이 유익하다고 한다.

❖ **지시형**……이 유형은 전형적인 '군 장성' 스타일의 리더십으로, 칭찬에는 인색하고 비난만 자주 하기 때문에 직원들의 사기를 저하시키고 직무 만족도를 떨어뜨린다.

상황요인

지도자는 구체적인 상황이나 환경을 조화롭게 받아들이고 민첩하게 대응할 수 있어야 한다. 리더십에 영향을 미치는 상황요인으로는 스포츠의 유형, 팀의 규모, 팀의 목표, 시간제약, 지도자의 수, 팀의 전통 등을 들 수 있다.

■ 구성원의 특성

스포츠 상황에서는 효과적인 리더십 유형을 판단할 때에는 구성원의 특성에 의한 영향이 크다. 즉 구성원의 성별, 나이, 성격, 기술수준, 경력 등과 같은 구성원의 특성에 따라서 효과적인 리더십 유형이 달라진다는 것이다.

④ 지도자의 권력

지도자(leader)는 혼자 존재할 수 없다. 따르는 사람(추종자 ; follower) 이 하나도 없다면 지도자가 될 수 없기 때문이다. 따라서 지도자는 항상 추종자의 존재를 존중해야 한다.

피들러(Fiedler)의 상황부합 이론에서 말하는 지도자의 지위권력이란 무엇이고 어디에서 오는가?

권력(power)은 '다른 사람을 자기 뜻대로 움직일 수 있는 힘'을 말하고, 지도자라는 지위에 있기 때문에 생기는 권력을 지위권력이라고 한다.

포시스(Forsyth, 2001)는 지도자의 지위권력은 다음 6가지 기반 위에서 생기고, 6가지 기반 중에서 적어도 1가지 이상의 권력기반을 갖추고 있어야 지도자가 된다고 하였다.

❖ 첫째 기반은 구성원이 원하는 것을 줄 수 있는 능력, 즉 보상이다.

❖ 둘째로는 구성원이 싫어하는 것을 강제할 수 있는 능력, 즉 처벌이
다. 구성원들은 보상을 얻기 위해 또는 처벌을 피하기 위해 지도자
를 따른다.

❖ 셋째 기반은 합법성이다. 합법성을 부여받으면 구성원들은 지도자를
따르게 된다.

❖ 넷째 기반은 참조성(reference)이다. 구성원이 지도자를 좋아하거나 매
력을 느끼거나 존경한다면 그 지도자는 참조성에 기반을 둔 권력을
갖게 된다.

❖ 다섯째 기반은 전문성이다. 어떤 영역의 전문성이 있다고 생각되면
사람들은 그 전문가의 말을 따른다.

❖ 여섯째 기반은 정보성이다. 특정 정보를 그 사람만 가지고 있다면 그
사람은 정보성에 기반을 둔 권력을 갖게 된다.

이 여섯 가지 권력의 기반 중 몇 가지를 함께 가지고 있을 수도 있고,
권력 기반이 여럿 있을수록 당연히 권력이 강해진다. 그러나 권력기반을
많이 가지고 있다고 해서 반드시 권력이 강한 것은 아니고, 같은 지도자라
도 시간이 흐름에 따라서 권력기반과 지위권력의 세기가 변한다.

❺ 강화와 처벌

효과적인 리더십을 발휘하기 위해서는 구성원들의 운동수행에 대하여
잘한 것은 칭찬해서 격려해주고, 잘못한 것은 지적해서 다시는 그런 잘못
을 범하지 않도록 해야 하는데, 그것을 강화와 처벌이라고 한다.

❖ 강화……원하는 행동이 나타난 다음에 자극을 줌으로써 미래에 그러

한 반응이 나타날 가능성을 증가시키는 것이다.

❖ **행동조형**······행동을 만들어나간다는 뜻으로, 강화물들을 사용하여 선수들의 행동을 점차적으로 가꾸고 다듬어 나가는 것이다.

❖ **처벌**······원하지 않는 행동이 나타났을 때 자극을 가함으로써 그러한 행동을 회피하게 만드는 것이다.

■ 강화의 종류

❖ **정적 강화**······어떤 반응의 빈도를 높이기 위해서 강화하는 것이다.

❖ **부적 강화**······불쾌하거나 고통스러운 자극을 제거함으로써 바람직한 반응의 확률을 높이는 것이다.

❖ **1차적 강화**······물질이나 물건으로 강화하는 것이다.

❖ **2차적 강화**······칭찬 · 미소 · 안아주기 등과 같이 코치와 선수의 사회적인 관계를 이용해서 강화하는 것이다. 초기에는 1차적 강화가 효과적이지만 후기에는 2차적 강화가 더 효과적이다.

❖ **연속강화**······바람직한 행동이 있을 때마다 강화하는 것이 연속강화이다. 연속강화는 처음에는 효과가 좋지만 강화가 없어지면 행동이 급격하게 소거된다.

❖ **간헐강화**······바람직한 행동이 있더라도 강화를 하는 때도 있고 강화를 하지 않는 때도 있는 것이 간헐강화이다. 간헐강화는 지속성이 좋으므로 바람직한 행동이 형성된 뒤에 사용하는 것이 좋다.

■ 효과적인 강화의 지침

❖ 즉각적으로 강화하라.

❖ 일관성을 유지하라.

❖ 성취 결과뿐만 아니라 노력과 행동에도 반응하라.

❖ 배우는 것이 모두 축적되는 것은 아니다.

❖ 바람직한 행동을 지속하기 위한 강화를 반드시 하라.

■ 효과적인 처벌의 지침

❖ 처벌의 효과보다 처벌의 부정적인 영향이 더 클 수도 있으므로 주의하라.

❖ 동일한 규칙 위반에 대해서는 누구나 똑같이 처벌하라.

❖ 사람이 아니라 행동을 처벌하라.

❖ 규칙 위반에 관한 규정은 지도자와 구성원이 협동해서 작성하라.

❖ 신체활동을 처벌 방법으로 이용하지 말라.

⑥ 코칭행동의 평가

코칭행동 평가 시스템으로는 스미스(R. E. Smith) 등이 개발한 CBAS (coaching behavier assessment system)이 있다.

CBAS는 표 4-1과 같이 선수들의 행동에 대한 반응으로 평가하는 반응행동과 코치가 자발적으로 하는 자발행동으로 구성되어 있다. 반응행동은 '바람직한 행동', '실수', '장난' 3종류의 행동으로 나누어져 있고, 3종류의 행동을 다시 8가지 범주로 나누어서 관찰빈도를 기록하도록 되어 있다.

자발행동은 '연습과 관련'과 '연습과 무관' 2종류의 행동으로 나누어져 있고, 2종류의 행동을 다시 4가지 범주로 나누어서 기록하도록 되어 있다.

▶ 표 4-1   CBAS

구분		코칭 행동분류	빈도	소계
반응 행동	바람직한 행동	긍정적 강화	**행동 측면에서 :** 자심감 부여, 학생들 간에 비교, 점수를 미리부여해서 학생들이 좋은 점수를 받게 한다. 학생의 행동이 좋았을 때 손을 들어주면서 칭찬해준다. 박수치기 **언어적 측면에서 :** 많이 늘었어, 그만해도 되겠다. 그렇지, 그렇게 해야지 되네!, 선수해도 될 실력인데?, 너무 잘했어!, 그렇지! 지금까지 한 것 중 가장 좋은 것 같다. 이 친구는 괜히 운동선수가 아니야.	40
		무강화		
	실수	실수관련 격려	조금만 더 앞으로 가라. 이렇게 말 안 하면 된다. 웃으면서 격려(괜찮아). 저번 보다 낫다. 많이 좋아 졌어. 아까보다 훨씬 나아졌어. 좋아지고 있어.	15
		실수관련 기술지도	발끝을 펴라, 왜 허리를 펴지 않느냐, 이미지 트레이닝을 해라, 예쁘게, 가슴이 나오면 안 된다. 어깨가 넘어갈 때 발을 올려라, 학생들이 따라하게 함. 고개를 들어야지! 데려와서 설명. 저런 소리가 나면 안 돼!	30
		처벌	한숨 쉬기, 손 가르치면서 안 된다는 표시하기, 소리치기(어딜 보는거야! 땅을 보라고! 아니야!). OK 사인이 나오는 사람만 휴식하고, 통과하지 못한 사람은 운동	12
		처벌적 실수관련 기술지도	실패 시 복근 운동(살이 많이 친구에게 적용) 허리세우기	2
		실수무시		
	장난	통제유지	수업 전 줄 세우기 부진한 학생들을 위한 휴식 제공 웃고 장난치는 학생들에게 지시 집중을 못하는 학생들을 통제 학생들을 한곳에 모아서 설명해주기 학생들의 수업방향 통제	10
자발 행동	연습과 관련	일반적 기술지도	학생 동작 시작 전 계속 자세를 일깨워 주기 학생들을 터치하면서 시작 전 자세 설명 "다리 강하게 차!" "팔을 멀리 뻗어라" "손 짚고 발차기를 해" "팔을 칠 때는 바로 위를 봐야 해"	35
		일반적 격려	학생들의 동작 시작 전 학생들을 관찰한 것을 보고 격려한다. 예 : "동민이는 팔을 잘 써서 고난이도 기술은 잘 할꺼야" "일어설 수 있을꺼야"	15
		조직	수업 중 동료를 도와주라고 지시를 한다. 학생의 장점을 짚어주면서 잘 할 수 있는 역할을 부여해준다. 부진한 학생에게도 팀에 소외되지 않게 작은 임무라도 부여한다. 서로를 거울삼아 행동을 관찰하도록 한다. 선수들 간에 도와줄 수 있게 지도한다.	14
	연습과 무관	일반적 의사소통	수업 전 학생들에게 인사를 한다. 출석을 부르면서 학생들과 지난 주 수업에 대해 얘기한다.	4
			총 계	177

표에서 맨 오른쪽 칸에 있는 소계는 코칭행동을 관찰한 예를 적어놓은 것이다. 관찰한 코칭행동을 평가하는 방법은 표 밑에 계산방법을 적어놓았다.

➜ 관찰한 코칭행동의 평가방법

▶ 각각의 행동범주(총 12개)에 나타난 반응의 전체 빈도

▶ CBAS의 지표 계산

· 코칭활동 수준(activity level : AL)

$$AL= \frac{전체행동의 \ 빈도(무강화와 \ 실수무시는 \ 제외)}{전체 \ 관찰시간(분)}$$

· 강화일관성(reinforcement consistency : RC)

$$RC= \frac{긍정적 \ 강화}{긍정적 \ 강화 + 무강화}$$

· 실수에 대한 반응(reaction to mistake : RM)

실수관련 격려, 실수관련 기술지도, 처벌, 처벌적 실수관련 기술지도, 실수무시 등에 실수에 대한 전체 반응에서 차지하는 비율

예 : 실수에 대한 처벌의 비율

$$\frac{처벌의 \ 빈도}{실수에 \ 대한 \ 전체 \ 반응빈도} \times 100$$

03 사회적 촉진

❶ 사회적 촉진의 개념

심리학자였던 트리플렛(N. Triplette : 1898)이 자전거 경주에서 혼자

달리는 경우, 같은 길을 달리는 비경쟁적 공행자(coactor)가 있는 경우, 경쟁적 공행자와 함께 달리는 경우의 세 가지로 분류하여 수행 결과를 분석한 결과 비경쟁적 공행자 또는 경쟁적 공행자가 함께 달리는 경우가 혼자 달리는 경우보다 마일당 약 35초 정도 빨리 달리는 현상을 발견하였다.

그는 타인의 존재가 경쟁충동을 각성시키고 큰 힘을 유도하여 수행속도를 증가시켰다고 주장하면서 그것을 역생적 효과(활력이 많이 생기게 하는 효과 ; dynamogenic effect)라고 칭했다. 그 후 올포트(F. Allport : 1924)와 자욘스(R. B. Zajonc : 1965)의 연구에 의해서 순수한 타인의 존재가 행동에 미치는 결과를 사회적 촉진(social facilitation)이라고 정의하여 공행자와 함께 지켜보는 관중도 사회적 촉진의 개념에 포함시키게 되었다.

자욘스(Zajonc) 이후 사회적 촉진은 '공행자이든 관중이든 단순한 타인의 존재가 수행에 미치는 영향을 의미하는 것'으로 받아들여지고 있다. 사회적 촉진에 관한 연구에서 경쟁하는 상대편이나 작전을 지시하는 코치, 그리고 경기를 진행하는 심판이나 임원을 제외시키는 이유는 이들이 가지는 심리적 의미가 단순한 타인의 존재와 매우 다르기 때문이다.

❖ 타인의 존재가 운동수행에 영향을 미치는 것을 사회적 촉진이라고 한다. 타인의 존재가 수행을 향상시키면 우세 반응, 수행을 손상시키면 열세 반응이라고 한다.

❖ 사회적 촉진에는 관중효과와 공행효과가 모두 포함된다(공행은 운동을 같이 하되 상호작용이 전혀 없는 것이고, 관중은 수행하는 선수와 아무런 상호작용이 없어야 하지만 스포츠 관중은 상호작용이 전혀 없다고 보기 어렵기 때문에 관중효과라는 말을 사용한다).

❖ 타인의 존재가 수행을 향상시킬 때도 있고 방해할 수도 있다.

❖ 단순한 과제 또는 숙련자는 우세 반응, 복잡한 과제 또는 초보자는 열세 반응을 일으킨다.

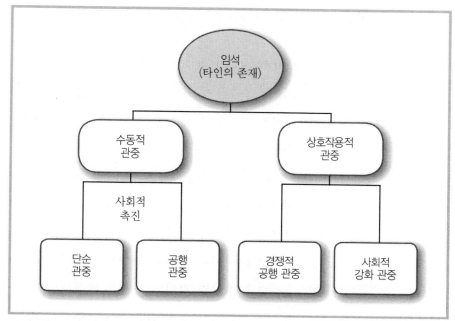

▶ 그림 4-15　관중의 유형

❷ 사회적 촉진 이론

사회적 촉진 현상이 왜 일어나는가에 대해 설명하는 이론에는 크게 세 가지 입장이 있다.

❖ 타인의 존재가 각성을 높이기 때문에 수행의 변화를 일으킨다고 설명하는 추동 이론(drive theory)의 입장이다.

❖ 타인의 존재가 과제에의 집중을 방해하기 때문에 수행에 변화를 가져온다고 설명하는 분산·갈등 이론(distraction·conflict theory)의 입장이다.

❖ 타인의 존재가 자의식(self-awareness)을 증진시키기 때문에 수행에 변화를 일으킨다고 설명하는 자아 이론(self-theory)의 입장이다.

■ 자욘스(Zajonc)의 단순존재 가설

자욘스(Zajonc, 1965)는 타인이 단순히 존재할 때 수행자는 타인이 어떤 반응을 기대할지 모르기 때문에 경계 반응이 자극되어 각성수준이 오르게 되는데, 이것이 우세반응을 일으키도록 한다고 사회적 촉진 현상을 이론적으로 설명하였다.

자욘스의 가설은 다음과 같이 폭넓게 일반화시킬 수 있다.

❖ 타인의 존재는 각성을 증가시킨다.
❖ 각성은 우세반응을 일으킨다.
❖ 우세반응이 바른 것이면 수행은 향상된다.
❖ 우세반응이 틀린 것이면 수행은 손상된다.
❖ 힘과 스피드를 요하는 단순과제는 수행이 향상되고, 정확성을 요하거나 복잡한 과제는 수행이 손상된다.
❖ 초심자의 수행은 손상되나 숙련자의 수행은 향상된다.

■ 코트렐(Cottrell)의 평가우려 가설

코트렐은 "단순히 존재하는 타인이 각성반응을 일으킨다."는 자욘스(Zajonc)의 견해에 동조하지 않았다. 그는 타인이 수행자의 각성을 일으키기 위해서는 수행자가 자신을 지켜보는 타인이 자신의 수행을 비판적으로 평가할 수 있는 능력이 있다는 것을 알아야 하며, 타인들의 평가가 자신들에게 긍정적 혹은 부정적 영향을 주었던 학습경험이 있어야 한다고 주장하는 평가우려 가설을 제안하였다.

코트렐(Cottrell)과 그의 동료들은 그 가설을 증명하기 위해서 선수(피험자) 혼자만 있는 조건, 눈을 가린 두 사람이 존재하는 조건, 두 사람이 눈을 뜨고 지켜보는 조건 등에서 과제를 수행하게 하였다. 그 결과 두 사람이 지켜보는 조건에서의 과제수행이 다른 조건에서의 과제수행과 차이가 있는 것으로 나타나서 자신들의 가설이 옳다는 것을 증명하였다.

그런데 하스(Haas)와 로버트(Roberts : 1975)가 코트렐의 실험조건과 똑같은 상황에서 '잘 학습된 과제'와 '잘 학습되지 않은 과제'를 수행하게 하는 실험을 하였다. 그 결과 '잘 학습된 과제'를 수행할 때는 눈을 가린 사람이 존재하는 조건이 홀로 수행하는 조건보다 좋았고, '잘 학습되지 않은 과제'에서는 지켜보는 조건과 비슷한 것으로 나타났다.

이러한 결과는 눈을 가린 사람의 존재도 각성을 일으킬 수 있다는 것을 시사하는 것으로, 챔프맨(Champman)은 심리적 임석이라는 개념으로 설명하였다.

■ 본드(Bond)의 자아 이론

본드(C. F. Bond : 1982)는 사회적 촉진의 효과를 "타인이 존재할 때 수행자는 타인으로부터 인정받으려는 욕구가 증대되어 동기가 촉진된다."고 주장하는 자아 이론을 제시하였다. 즉 타인의 존재가 각성수준을 올리는 것이 아니라, 자의식을 증진시키기 때문에 과제수행을 더 잘 한다는 것이다.

그와는 달리 히톤(Heaton)과 시걸(Sigall)은 "관중의 영향은 개인의 성격특성인 자의식의 수준에 따라 달라진다."고 주장하였다. 즉 자의식이 강한 사람은 자신의 수행이 어떤 기준에 도달했느냐가 주요 관심이다. 그러나 자의식이 낮은 사람들은 자신의 수행에 대한 타인들의 반응에 큰 관심을 갖고 있어서, 자신이 타인들의 기대에 미치지 못한다고 느낄 때 스트레스를 받는다는 것이다. 그러므로 자의식이라는 성격특성이 수행에 영향을 미친다는 것이다.

■ 주의분산 · 갈등 이론

샌더스(G. S. Sanders : 1981)는 사회적 촉진 현상을 주의 분산과 추동의 갈등으로 설명하는 주의분산 · 갈등 이론(distrac-tion · conflict theory)을 주장하였다.

그에 의하면 타인의 존재는

❖ 한편으로는 주의를 분산시킴으로써 주어진 과제에 집중하는 것을 방해하여 수행을 떨어뜨리는 측면이 있고,

❖ 다른 한편으로는 개인의 추동수준을 증가시켜서 더 많은 노력을 기울이도록 하는 측면이 있다.

이 이론에 의하면 관중으로 인한 '주의집중을 방해하는 효과'가 '잘하려는 노력의 효과'보다 크면 수행은 손상되지만, 작으면 향상된다.

③ 사회적 촉진에 영향을 미치는 변인

■ 개인적 변인

개인적 변인 중에서 가장 큰 관심을 받는 변수는 불안의 성격적 특성이

다. 콕스(R. H. Cox)에 의하면 불안수준이 높은 어린이는 타인의 존재를 평가적 상황으로 해석하기 때문에 불안이 야기되어 수행이 방해를 받고, 불안수준이 낮은 어린이는 관중을 보다 효과적인 수행을 할 수 있는 유인으로 생각하기 때문에 수행이 향상되는 것으로 해석하였다.

개인적 변인으로서 고려할 수 있는 두 번째 요인은 개인의 능력수준이다. 게이츠(Gates)는 숙련된 수행자는 관중에 의하여 수행이 저하되었으나, 미숙한 수행자는 관중에 의하여 도움을 받았다고 발표하였는데, 이것은 자욘스(Zajonc)의 가설과 상반되는 결과이다.

각성은 사회적 촉진 가설에 따르면 지배적 반응이 정확한 반응일 때 관중의 존재로부터 증가된 각성수준이 수행을 촉진시킨다고 예측할 수 있으나, 각성수준이 지나치게 높으면 지각이나 운동과정이 방해를 받을 수 있다.

과제변인

관중의 존재는 간단한 과제의 수행을 촉진하고, 복잡하거나 학습이 잘되지 않는 과제의 수행은 방해한다. 고려해야 할 또 하나의 문제는 섬세한 기술을 필요로 하는 소근육 운동기능과 대근육 활동을 필요로 하는 운동기능은 적정 각성 수준이 다르다는 것이다. 이 가설에 따르면 역도나 유도는 높은 각성수준이 요구되고, 체조·양궁·사격 등은 낮은 각성상태에서 운동을 수행하는 것이 효과적이다.

상황적 변인

상황적 변인으로는 관중이나 공행자의 특성과 수행자의 특성을 들 수 있다. 다른 상황적 변인으로는 관중들의 연령과 성적인 차이를 들 수 있다. 그리고 관중이나 공행자의 크기에 대한 영향과 관중효과에 대한 수행자의 사전 경험 여부도 주목하여야 한다.

❹ 관중의 존재와 스포츠 수행

관중은 선수에게 때로는 동기를 부여하고 때로는 손상시키는 존재이다. 어떤 의미에서 관중은 선수들의 수행에 가장 큰 영향을 미친다. 관중이 선수들의 수행에 얼마나 큰 영향을 미치느냐는 선수, 팀, 그리고 관중의 특성에 따라 달라진다.

■ 선수

➤ 선수의 기술수준
자욘스(Zajonc)는 관중의 효과를 추동 이론의 입장에서 설명한다. 즉 관중이 존재할 때 수행자의 각성수준이 증가되고, 증가된 각성의 정도가 수행에 영향을 미친다는 것이다. 그의 이론에 의하면 관중의 존재는 기술수준이 높은 선수의 수행은 돕지만, 기술수준이 낮은 선수의 수행은 손상시킬 것으로 기대된다.

➤ 선수의 동기
사람은 누구나 타인으로부터 자신의 우수성을 인정받으려는 동기를 가지고 있기 때문이다. 그러나 이러한 동기가 행동으로 나타나느냐, 그렇지 않느냐는 개인의 과시동기와 자의식에 달려 있다.

과시동기는 자신의 재능을 나타내려는 욕구로, 파이비오(Paivio : 1965)에 의하면 과시동기가 강한 사람들은 부모로부터 긍정적인 평가를 받으면서 자라온 사람들이고, 과시동기가 약한 사람들은 부모로부터 부정적인 평가를 받은 사람들로서 실패할 때 오는 벌을 두려워하기 때문에 관중의 평가에 대단히 민감하다.

자의식이 높은 사람은 자신의 사고나 행위에 대한 뚜렷한 주관을 갖고 있는 사람이고, 자의식이 낮은 사람은 정체성이 확고하지 못하여 자신의 사고와 행동을 타인에게 의존하는 사람이다.

과시동기와 자의식이 높은 사람들은 타인들의 시선을 의식하지 않기 때문에 관중의 영향을 크게 받지 않는다. 반면에 과시동기와 자의식이 낮은 사람들은 자신의 능력이 관중의 기대를 충족시킬 수 있다고 판단할 때는 동기가 향상되나, 그렇지 못할 때는 위축된다.

■ 팀의 특성

관중의 존재가 선수들의 동기와 수행에 미치는 영향은 스포츠 종목이나 팀의 성격에 따라 달라질 수 있다. 팀 스포츠의 경우 개인의 팀에 대한 공헌은 항상 팀 동료와 함께 공유되기 때문에 관중이 개개 선수에게 미치는 영향도 분산되어 자신의 책임을 덜 느낀다.

그러므로 관중이 선수에게 미치는 효과는 양궁이나 사격과 같이 수행이 개인적으로 이루어지는 스포츠에서 가장 크고, 축구나 농구와 같이 개인의 공헌이 뚜렷하게 구분될 수 없는 스포츠에서 작아진다.

응집력이 강한 팀의 선수들은 선수 상호간에 서로 용기를 북돋아 주면서 갈등없이 협동하기 때문에 수행이 향상된다. 그러나 응집력이 오히려 역효과를 가져올 수도 있다.

■ 관중의 특성

스포츠 경기에 참여하는 관중은 단순히 피동적으로 존재하는 타인들과는 다르다. 홈경기의 경우 각종 시설에 익숙하고 관중이 자신들을 응원해준다는 이점이 있다. 선수들에 대한 기대나 성취에 대한 반응으로써 보내는 응원은 선수에게 강력한 동기로 작용한다.

홈경기의 이점은 야구나 미식축구와 같이 야외 경기장에서 경기가 이루어지는 경우에는 별로 크지 않지만, 농구나 하키와 같이 협소한 실내에서 경기가 이루어지는 종목에서는 대단히 크다. 그리고 홈경기의 이점은 홈팀에게 동기를 부여해서라기보다는 원정팀의 수행을 손상시킴으로써 이루어진다.

➔ 관중의 기대

홈팀이 시리즈 초반에는 이점이 있지만, 후반에는 이점이 없다. 홈팀은 결승이 가까워옴에 따라 마치 자기 팀이 챔피언십을 획득한 것처럼 생각하기 때문에 자의식이 증가되어 수행이 손상되기 때문이다.

홈의 관중은 홈팀을 응원해주기 때문에 동기를 북돋아주고 불안을 감소시켜 주지만, 다른 한편으로는 홈팀에게 팀의 긍정적인 이미지를 유지하기 위해 더 큰 노력을 기울일 것을 요구하는 것이다.

자의식이 낮은 사람들은 관중의 기대를 만족시킬 수 없다고 느낄 때에는 굳어버리는 데 비하여, 자의식이 높은 사람들은 관중의 기대와는 관계없이 자신이나 팀이 자신의 기대만큼 잘하지 못하고 있다고 생각할 때 얼게 된다.

수행자가 관중의 기대를 충족시킬 수 있다고 믿으면 혼자서 할 때의 수행수준을 능가할 수 있다. 반면에 수행자가 관중의 기대를 충족시킬 수 없다고 믿으면 불안하고 초조해지며, 그에 따라 복잡한 과제에서는 수행이 손상된다.

➔ 관중 규모의 크기

우리는 보통 관중의 규모가 커짐에 따라 선수들의 각성수준은 증가하고 사회적 촉진효과가 증대된다고 생각하지만, 관중의 규모가 일정 수준에 도달하면 더 이상 증가되지 않는다. 즉 관중의 크기가 일정한 규모를 넘어서면 더 이상의 촉진효과가 나타나지 않는다.

관중의 응원은 수행을 높이고, 야유는 수행을 방해할 것이라고 추론할 수 있다.

❺ 경쟁과 협동의 효과 ··

사회적 촉진과 관련해서 경쟁이 상대방과의 협력보다 더 도움이 된다고 대부분의 사람들이 생각하고 있다. 외환위기 이후에 우리나라 정부도 경쟁만이 살 길인 것처럼 경쟁력을 강조하였고, 북한과 협력하면 나라가 망할 것처럼 보수를 외치고 있다.

과연 경쟁만이 살 길이고 협력은 쓸모없는 것인가?

도이춰(H. Deutsch)는 사회적 상호작용을 다음과 같이 나누어 그 특징과 장단점을 비교 분석하였다.

❖ 나는 나대로 너는 너대로(개인주의)
❖ 나의 성공이 너의 실패(경쟁)
❖ 나의 성공이 너의 성공(협동)

개인주의적 목적 구조는 구성원들 각자가 추구하는 목적들이 서로 아무런 관계를 가지지 못한 상태이다. 이러한 상황에서는 개인들은 자기 목적을 달성하는 데 집중하고, 다른 구성원들의 목적 달성 여부에 대하여는 무관심하다.

경쟁적인 목적 구조는 구성원들의 목적 달성이 부정적인 상관관계를 가지고 있다. 이러한 상황에서는 개인들은 누가 상대적으로 최고인지 결정하기 위하여 서로 적대적으로 일을 한다. 개인은 그들이 수행한 것을 다른 사람들의 수행 결과와 비교하여 평가되기 때문에 자기가 아무리 열심히 했더라도 더 잘한 사람이 있으면 제대로 평가받을 수 없게 된다.

그에 비해 협동적인 목적 구조는 공유된 목적을 성취하기 위해 함께 일하는 것이다. 이러한 상황에서는 개인들은 서로가 돕고 거들고 열심히 하도록 서려 격려하며 목적이 성취되었을 때 기쁨을 공유한다.

도이취는 임무완수에 따른 보상 분배 방식에 대하여도 연구하였다. 승자 독식, 성과에 따른 차등 배분, 균등 분배 등 세 가지 방식을 비교 연구하였다. 그 결과

❖ 독자적으로 수행할 수 있고 상호의존도가 낮은 과제를 수행할 때에는 분배방식과 상관이 없었다.

❖ 상호의존성이 높은 협동적인 과제인 경우에는 균등 배분 방식이 최고의 결과를 가져왔고, 승자 독식이 최악의 결과를 가져왔다.

경쟁과 협동 중 어느 것이 개인의 이익에 부합한지를 알 수 있는 유명한 실험이 죤슨과 죤슨(D. W. Johnson & R. T. Johnson : 1992)의 죄수 딜레마 게임이다.

두 명의 죄수에게 협력과 배신을 동시에 선택할 수 있도록 하고 그 결과에 대한 보상을 다음과 같이 각각 다르게 하는 것이다.

❖ 둘 다 협력하면 나는 3점, 다른 사람도 3점

❖ 나는 협력하고 다른 사람이 배신하면 나는 0점, 다른 사람은 5점

❖ 나는 배신하고 다른 사람이 협력하면 나는 5점, 다른 사람은 0점

❖ 둘 다 배신하면 나는 1점, 다른 사람도 1점

이 게임은 내가 배신하면 유리할 것 같지만 다른 사람도 그렇게 생각할 수 있기 때문에 두 사람 모두 큰 이익을 거두기 힘들고, 두 사람이 협력해야 최대의 이익을 얻을 수 있는 것이다.

실제 사회생활에서도 나도 이익이고 너도 이익인 구조로 계약을 맺으면 그 계약이 오래갈 수 있지만, 둘 중의 하나가 큰 이익을 얻고 다른 한쪽이 손해를 입는 구조라면 그 계약이 오랫동안 유지되기 힘들다. 그러므로 행복한 사회생활을 위해서는 모두 이익인 구조가 유지될 수 있도록 해야 한다.

다음은 죤슨과 죤슨(Johnson & Johnson : 1992)이 경쟁과 협동에 대하여 조언한 내용이다.

❖ 협동적 노력은 경쟁적 노력이나 단독적 노력보다 성취수준과 생산성이 더 높다.

❖ 협동적 노력은 경쟁적 노력이나 단독적 노력보다 사회적 지지를 더 많이 받는다.

❖ 협동적 노력은 경쟁적 노력이나 단독적 노력보다 자기존중감을 더 높인다.

❻ 모델링 방법과 효과 ···

사회적 촉진과 비슷한 개념으로 다른 사람(모델)의 행동, 사고, 태도

등을 모방하거나 순응하는 모델링(modelling)이 있다. 모델링은 하나 이상의 모델을 관찰함으로써 나타나는 인지적 · 행동적 · 정의적 변화를 가리키는 용어인데, 여기에서 모델은 살아 있는 사람일 수도 있고, 영화나 소설 속에 나오는 가상의 인물일 수도 있다. 알피니스트들이 산을 좋아하고, 산처럼 살고 싶어 하는 것도 모델링에 속하므로 무생물도 모델이 될 수 있다.

모델링의 기능

반두라(A. Bandura, 1986)는 모델링의 기능을 반응의 촉진, 행동의 억제와 탈억제, 관찰학습의 유발로 나누어서 설명하였다.

❖ **반응의 촉진**……반응의 촉진이란 관찰자들로 하여금 모델과 같은 행동을 하도록 관찰자들을 적절하게 자극하는 역할을 하는 것을 말한다. 예를 들어 한 집단의 사람들이 한 방향을 바라보고 있는 것을 본 적이 있는가? 그러면 당신도 같은 방향을 바라보게 되는 것이 반응의 촉진이다. 마찬가지로 사람들이 웅성웅성하면 무엇인가 궁금해서 자신도 그 무리에 끼어들게 되는 것이 반응의 촉진이다.

❖ **억제와 탈억제**……모델을 관찰하는 것은 이전에 학습된 행동에 대한 억제를 강화시키거나 약화시킬 수 있다. 모델들이 어떤 행동을 수행한 것 때문에 벌을 받았을 때 억제가 일어나고, 모델들이 어떤 행동을 했는데도 벌을 받지 않으면 탈억제가 일어난다. 예를 들어 교사가 잘못된 행동을 저지른 학생에게 징계를 주면 다른 학생들의 잘못된 행동은 억제될 것이지만, 잘못된 행동이 처벌을 받지 않는 것을 관찰한 학생들은 스스로 잘못된 행동을 하게 된다.

❖ **관찰학습**……모델이 하는 행동을 보고 그것을 똑같이 따라하는 것이 관찰학습이다. 모델링을 통한 관찰 학습은 '관찰자가 새로운 행동을 산출하기 위한 방법들에 관한 정보'가 모델을 통해서 관찰자에게 전달되었을 때만 이루어진다. 즉 행동을 산출하기에(모델과 비슷한 행동을 실천에 옮기기에) 충분한 정보가 있어야 관찰학습이 이루어지고, 정보가 모자라다고 생각되면 행동으로 옮기지 않는다.

관찰학습은 다음과 같은 4가지 과정을 거쳐서 이루어진다.

❖ **주의집중**……관련된 과제의 특성들을 물리적으로 두드러지게 하고, 복잡한 활동들을 부분들로 세분화하며, 유능한 모델을 활용하고 모델 행동의 유용성을 보여줌으로써 학생의 주의를 끌어낼 수 있다.

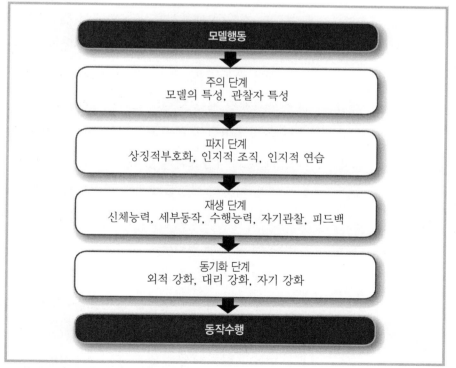

▶ 그림 4-14 관찰학습의 과정

❖ **파지**……배워야할 정보를 되뇌고 시각적·상징적인 형태로 부호화
  하며, 새로운 내용을 기억 속에 이미 저장된 정보와 관련지음으로써
  파지를 증진할 수 있다.

❖ **산출**……산출된 행동은 개념적(정신적) 표상과 비교된다. 피드백은
  이러한 차이를 교정할 수 있도록 도와준다.

❖ **동기유발**……모델 행동의 결과는 관찰자들에게 기능적 가치와 적절
  성을 알려준다. 결과에 대한 기대를 창출하고 자기효능감을 향상시
  킴으로써 결과물은 동기유발시킬 수 있다.

■ 모델링의 효과

모델링의 효과에 대해서는 교육학에서 많은 연구가 이루어졌다. 모델
링의 효과 중에서 체육과 관련이 있는 내용만을 간추리면 다음과 같다.

❖ 간단한 운동과제보다는 몇 가지 단계로 구성되어서 비교적 복잡한
  운동과제일 때 모델링의 효과가 크다(Gould, 1978).

❖ 기술이 뛰어난 모델이 좋은 모델이라고 간주되지만, 학습자와 비슷
  한 모델도 학습효과가 좋다.

❖ 4~5세 이하의 아동들에게는 비언어적 모델링이 더 효과적이다.

❖ 수영에 대하여 공포가 있는 어린이에게는 말로 하는 모델링도 불안
  극복에 효과가 있었다.

❖ 모델링은 자신감을 향상시킨다.

❖ 선수들의 공격적인 행동을 청소년들이 민감하게 반응하므로 주의해
  야 한다.

❖ 스포츠 스타들의 인격적인 행동이나 봉사활동이 청소년들의 사회성

발달에 긍정적인 영향을 미친다.

❼ 사회적 촉진에 대한 주요 타자의 영향 ······························

　　자신과 관련이 없는 관중, 동료선수와 같은 공행자, 상대선수와 같은 경쟁자, 스포츠 스타와 같은 모델에 의해서만 사회적 촉진의 영향을 받는 것이 아니고, 부모 · 동료 · 지도자와 같은 주요 타자들의 영향을 받는다.

　　아동기 때는 부모의 영향이 강하고, 10대는 동료와 지도자가 더 중요한 영향을 미친다.

❖ 부모의 행동은 자녀의 신념과 가치 체계에 영향을 주며 아동의 행동을 결정한다.

❖ 부모가 아이의 신체활동 능력이 높다고 인정하면 아이들은 자신이 유능하다고 인식하면서 신체활동을 더 많이 한다.

❖ 아빠가 아이의 신체능력에 대해서 가지고 있는 인식이 그대로 아이에게 전수된다.

❖ 아이가 자신의 신체활동에 대한 유능감이 높을수록 신체활동에 더 많이 참가한다.

❖ 부모가 아이에게 지나친 기대를 갖고 있으면 아이가 불안, 스트레스, 탈진, 부상 등으로 시달릴 가능성이 높다.

❖ 동료와 함께 있다는 것은 스포츠 참가의 중요한 동기가 된다.

❖ 동료와 자신의 신체능력을 비교하는 것은 유능성 정보의 원천이 된다.

❖ 서로 친밀한 친구 사이에는 긍정적인 부분과 부정적인 부분이 모두 있다.

❖ 운동능력이 좋은 동료에게 호감을 갖는다.

❖ 동료와 대화는 도덕발달에 긍정적 영향을 준다.

❖ 긍정적인 동료 관계는 지각된 유능감과 자기결정, 동기, 재미, 자기 존중감, 스포츠 전념도를 높여준다.

❖ 사회적으로 풍부한 위치에 있는 지도자는 참가자들의 사회적 촉진을 조장한다.

❖ 지도자가 참가자에게 사회적 지지를 제공하면 운동에 대한 자기효능감이 향상되고, 운동 후 피로감도 감소된다.

❖ 지도자의 영향은 리더의 실제 행동이 선수의 선호도와 상황 요구에 대한 부합도가 높을수록 집단의 수행과 구성원의 만족도가 높아진다.

04 사회성 발달

❶ 공격성의 개념과 이론

■ 공격성의 개념

공격성에는 '과감하고 적극적인 성질'이라는 뜻과 '상대에게 해를 입히려는 성질'이라는 뜻이 있다. 심리학에서 말하는 공격성은 후자로, '심리적으로나 신체적으로 타인에게 해를 입히는 말 또는 행동'으로 다음과 같이 정의된다.

❖ 다른 사람을 해치려는 목적으로 하는 일련의 행동(Dollard, 1939).

❖ 수행자보다 평가자가 공격적이라고 여기는 가해적이며 파괴적인 행동(Bandura, 1973).

❖ 상대방에게 해를 입히거나 상해를 입히려는 의도적인 행위로 살아 있는 유기체에만 해당된다(Baron, 1977).

❖ 침묵도 공격행동이기 때문에 공격성을 신체적인 해를 입히는 행동으로 제한할 필요가 없다(Calson, 1987).

이와 같은 공격성에 대한 정의에서 보았을 때 공격성은 다음과 같은 특성이 있다.

❖ 태도나 정서가 아니라 행동이다.

❖ 언어적인 것과 비언어적인 행동 모두 공격성이 될 수 있다.

❖ 우연히 남에게 피해를 주는 것은 공격성이 아니다.

❖ 상대에게 부상을 입히려고 했지만, 상대가 잘 피해서 부상을 입지 않았더라도 공격성이다.

❖ 생물을 위해하는 것은 공격성이지만, 무생물을 위해하는 것은 공격성이 아니다.

❖ 자기 자신을 학대하거나 자살하는 것도 공격성이다.

공격행위의 분류

공격적인 행위를 한 목적이 무엇이냐에 따라서 다음과 같이 분류한다.

❖ **적대적 공격행위**⋯⋯상대에게 피해를 입히려는 목적으로 한 공격행위를 적대적 공격행위라 한다. 적대적 공격행위는 대부분 상대의 자극

에 대한 반응으로 하는 행동이기 때문에 분노를 수반하고 충동적으로 한다.

❖ **수단적 공격행위**……승리 또는 금전이나 칭찬을 획득할 목적으로 한 공격 행위를 수단적 공격행위라 한다. 수단적 공격행위는 대부분 미리 계획을 짜서 의도적으로 실행하게 된다.

■ 공격성에 관한 이론

스포츠에서 왜 공격적인 행동을 하는지 그 원인을 설명한 이론에는 다음과 같은 것들이 있다.

❖ **본능 이론**……사람에게는 본능적으로 공격성이 있고, 거기에서 분출되는 에너지가 공격행동을 일으킨다는 이론이다. 프로이트(S. Freud)는 인간에게는 본능적으로 성 및 공격 본능이 있는데, 그것을 적당한 방법으로 해결하면 청정효과가 나타나지만 그렇지 못하면 공격행동이 일어난다고 하였다. 로렌스(K. Lorenz)는 공격성은 동물과 인간이 가지고 있는 투쟁본능인데, 그것은 신체적인 조건, 호르몬과 같은 생물학적인 요인, 신경학적인 요인, 유전적인 요인 등의 영향을 받는다고 주장하였다.

❖ **좌절-공격 가설**……어떤 목표를 달성하려고 할 때 방해를 받으면 좌절하게 되고, 좌절하면 공격한다는 이론이다(Dollard, 1939). 좌절-공격 가설의 입장에서 연구한 결과를 요약하면 다음과 같다.

• 좌절의 크기가 크면 공격의 크기도 크고, 공격의 빈도도 많다.

• 공격행동에 대한 처벌이 크면 공격행동의 억제도 크다.

• 공격을 성공하면 공격행동의 자극을 감소시킨다.

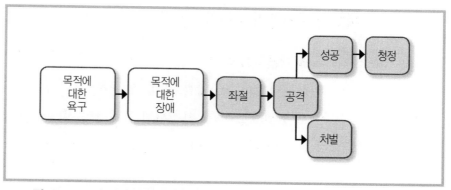

▶ 그림 4-14 좌절-공격 모형

❖ **사회학습 이론**······공격적인 행동을 포함해서 인간의 모든 행동은 모
방과 보상에 의해서 학습되어진다는 이론이다(Bandura, 1977). 타
인이 공격적인 행동을 하고 보상을 받는 것을 관찰하면 공격적인 행
동을 할 가능성이 높아지고, 타인이 공격적인 행동을 하고 벌을 받
는 것을 관찰하면 공격적인 행동을 억제할 가능성이 높아진다(대리
적 강화와 모델학습).

• **청정 가설**······공격행위를 하면 공격에너지가 소모되기 때문에 내
적인 긴장이 감소된다는 가설이다.

❷ 스포츠에서 공격행위의 원인과 통제방법 ·····················

스포츠에서 공격행위 또는 공격성이 왜 생기는지 그 원인을 알기 위해
서 접근하는 방법에는 생물학적 접근, 심리학적 접근, 사회 · 환경적 접근
등이 있다.

공격행위의 원인

➔ 생물학적 접근

신체적 특성 및 체격, 질병, 염색체, 생리적 특징 등을 공격행위(공격성)의 원인으로 본다. 아직까지 구체적인 원인은 밝혀지지 않았지만 인내부족, 조바심, 정서순화의 어려움 등이 원인으로 지목되고 있다.

➔ 심리학적 접근

프로이트는 인간의 원초아, 자아, 초자아 중에서 초자아가 덜 발달되었기 때문에 지나치게 억압되어 있던 원초아가 비정상적이고, 위협적인 방식으로 한꺼번에 표현되기 때문에 공격성이 나타난다고 보았다.

행동주의적 관점에서는 인간의 행동을 학습의 결과로 보기 때문에 공격적인 아동은 그가 지금까지 살아온 환경에 원인이 있다고 본다.

또한 사회학습 이론에서도 공격적인 행동을 본능이나 욕구좌절에 의해서 나타나는 것으로 보지 않고, 모방과 역할모형 학습에 의해서 획득되는 것으로 본다.

➔ 사회 · 환경적 접근

공격성의 원인이 개인의 내적 차원에 있다기보다는 환경적이고 사회구조적인 문제, 상반된 가치관, 이해관계에 의한 갈등, 사회계층의 차이, 빈부격차, 사회통제의 결여, 범죄행동과의 접촉 등과 관련이 있다고 보는 입장이다.

가정 내에서 아동의 공격성은 부모의 양육태도나 가족 구성원 간의 상

호작용 등을 반영한다. 부모의 일관성이 없는 교육태도는 자녀의 공격행
동이나 반항적인 행동을 강화한다. 공격성이 높은 부모는 권위주의적이고,
통제적인 의사소통을 하며, 자녀들의 공격성을 조장하는 역할을 한다.

부모로부터 직접 학대를 받거나 학대받는 것을 목격하면서 자란 아동
은 공격적인 행동을 통해서 타인을 통제하는 방법을 학습하게 된다. 그래
서 가정폭력을 경험한 아동은 공감능력이 부족하고, 충동적이며, 비합리적
인 신념체계를 가지고 있고, 반사회적인 행동을 하게 된다.

또 학교에서의 체벌이 아동의 반성을 유발하면 문제행동을 약화시키지
만, 공격적인 성향이 있는 아동에게는 오히려 문제행동을 더 심화시키는
결과를 초래한다.

■ 공격행위의 통제방법

정신분석학자들은 공격행위(공격성)가 카타르시스를 통해서 해소된다
고 보았다. 즉 스포츠와 같이 합법적으로 공격성을 발휘하면 공격성이 감
소된다고 보았다. 그러나 여러 연구 결과에서 공격적인 행위를 하면 오히
려 공격성이 증가하는 것으로 나타나자 공격성을 통제할 수 있는 방법에
대하여 관심을 갖기 시작하였다.

다음은 공격성을 해소하거나 줄일 수 있는 방법들에 대한 설명이다.

❖ **부모의 훈련**……부모의 자녀 양육 방식 또는 부모와 자녀 간의 상호
작용 형태가 아동의 공격성과 밀접한 관계가 있으므로 부모를 훈련
시켜서 아동의 공격성을 통제하려는 것이다. 예를 들어 부모가 자녀
들을 체벌하는 대신에 언어적으로 타이른다든지, 자녀가 비공격적
인 행동을 했을 때 그것을 칭찬하는 등 강화하는 방법, 위협이나 지

시와 같은 부정적인 언어 대신에 칭찬 등 긍정적인 언어로 대체하는 방법 등이다. 유치원이나 초등학교에서 선생님이 학생들에게 존댓말을 하는 것도 같은 맥락이다.

❖ **조망수용(perspective taking, 眺望受容)**……자신이 보고 듣고 생각하고 느낀 바가 타인과 다를 수 있음을 인식하고, 다른 사람의 의견을 받아들여, 타인의 상태를 그 사람의 입장에서 이해할 수 있는 능력을 조망수용이라고 한다. 그러므로 공격성이 타인에게 미치는 감정적인 영향이나 신체적인 결과를 느끼고 인식할 수 있는 기회를 제공함으로써(체험 또는 대화를 통해서) 공격적인 행동을 감소시키고 긍정적인 행동을 증가시키려고 시도하는 것이다.

❖ **공감훈련**……공격적인 행동을 유발하는 직접적인 동기가 '분노'이므로 분노를 공감으로 대체하거나, 공감을 증진시키는 훈련을 통해서 공격성을 감소시키려는 것이다.

■ 스포츠에서 공격행위를 유발하는 주요 요인

스포츠에서 공격행위를 유발하는 요인에는 다음과 같은 것들이 있다.

❖ **종목의 특성**……테니스나 탁구와 같이 신체접촉이 없는 종목에서는 공격행위가 거의 일어나지 않지만, 핸드볼이나 아이스하키와 같이 신체접촉이 심한 종목에서는 공격행위가 수시로 일어난다.

❖ **스코어**……경기가 팽팽해서 스코어가 비슷할 때에는 공격행위로 인한 벌칙을 피하려고 하지만, 스코어 차이가 많이 날 때에는 지고 있는 팀의 선수들이 공격행위를 할 가능성이 높다.

❖ **팀의 순위**……상위리그보다 하위리그 경기에서 공격행위가 자주 일

어나고, 같은 리그에서도 팀의 순위가 하위인 선수들이 공격행위를
자주한다.

❖ **관중**……홈팀보다 원정팀의 선수들이 공격행위를 많이 하고, 관중들
의 야유를 받는 팀의 선수들이 공격행위를 자주한다.

❖ **경기의 시점**……경기를 시작한 초반에는 공격행위가 거의 없지만, 경
기가 끝나는 종반으로 갈수록 공격행위가 자주 일어난다.

❖ **성**……남자 선수들이 여자 선수들보다 공격행위를 자주한다.

제5장

건강 · 운동심리학

01 운동의 심리적 효과

❶ 운동과 성격

　　운동을 꾸준히 실천하는 사람과 그렇지 않은 사람은 성격에 차이가 있을까? 내성적인 성격에 비해 외향적인 성격인 사람이 운동을 하면서 여러 사람과 잘 어울릴까? 몇 년에 걸쳐 운동을 하다보면 원래 성격도 바뀔까? 예를 들어 매사에 자신감이 없는 직장인이 운동을 통해 자신감 있는 성격으로 바꾸려고 노력해도 좋을까?

　　운동과학자들의 연구결과는 위의 질문에 대해 어느 정도 해답을 준다. 내성적인 사람에 비해 외향적인 사람이 운동을 시작하면 더 오래 동안 지속하는 경향이 있고, 강도가 높은 운동을 좋아하며, 같은 운동을 하더라도 실제에 비해 강도를 낮게 인식한다.

　　우울감과 불안감을 자주 느끼는 성격(정서적 불안정성이라고 함)을 가진 사람은 운동을 시작하여 지속하는 데 어려움을 느낀다. 이들은 대체로 운동과 같은 사교적 활동에 참가하기를 주저한다. 하지만 장기간에 걸쳐 운동을 실천하면 정서적 불안정성을 낮출 수 있다. 운동은 활력감을 높여주고 긴장감을 해소시키기 때문이다. 즉 오래 동안 운동을 하면 성격도 바꿀 수 있다.

　　경쟁적이면서 시간 강박적인 성격(A형 성격)은 운동을 통해 여유 있는 성격(B형 성격)으로 바꿀 수 있다. 하지만 A형 성격은 B형 성격에 비해 운동을 꾸준히 실천하는 비율이 낮고, 운동 중에 자주 부상을 당하기도 한다. 남들보다 더 많이 운동하려는 경쟁적인 성격 때문이다. 이들은 힘든 운동을 하면 B형 성격에 비해 스트레스를 더 많이 받지만, 중간 이하의 강도일 때는 오히려 더 편안함을 느끼기도 한다.

A형 성격은 사회에서 성공하는 데 유리하지만 심혈관계통의 질환에 걸릴 위험이 높다. 운동은 그 자체가 심혈관계통의 건강을 돕기 때문에 심혈관계통질환의 위험이 높은 A형 성격의 소유자가 운동의 혜택을 많이 받을 수 있다.

12주 이상 운동을 지속하면 A형 성격 특유의 행동도 감소하고 스트레스에 대한 반응성도 낮아진다. 따라서 운동을 꾸준히 실천하면 심혈관계통의 건강도 좋아지고 A형 성격도 바뀌는 일석이조의 효과가 기대된다.

모험과 짜릿한 감각을 추구하는 성격을 갖고 있으면(감각추구의 성향이 높은 사람은), 암벽등반, 축구, 마라톤, 골프, 자전거타기 등을 좋아한다. 이들 종목은 운동 중에 느끼는 자극수준이 매우 높기 때문에 감각추구 욕구가 높은 사람이 선호한다.

운동중독에 빠지는 성격이 따로 존재한다는 가설도 있다. 완벽주의, 강박증, 특성불안, 외향성 등을 갖고 있는 사람이 운동중독에 쉽게 빠진다고 한다. 즉 평소 생활과 직장에서 완벽주의 경향이 있는 사람이 운동을 시작하면 운동에 중독되기 쉽다는 것이다. 운동중독은 알코올중독과 비교하면 긍정적 측면이 강하지만, 쉽게 중독되는 성격이 있다니 주의할 일이다.

다음은 운동과 성격에 대한 연구결과들을 정리한 것이다.

❖ 같은 강도의 운동을 하더라도 여성적인 남학생이 남성적인 남학생에 비해서 주관적으로 느끼는 운동강도가 더 높다.

❖ 정서적 불안정성, 외향성, 개방성, 호감성, 성실성 등을 성격 5요인이라 한다. 성격 5요인 중에서 외향성과 성실성이 높은 학생은 운동실천을 열심히 하고, 정서적 불안정성이 높은 학생은 운동실천 수준이 낮다.

❖ 시간강박증, 과도한 경쟁심, 적대감 등이 많은 사람이 운동을 오래
동안 하면 A형 행동(A형 성격의 소유자가 보이는 행동)의 빈도가 낮
아지고, 스트레스에 대한 심폐계통의 반응성도 낮아진다.

❖ 우수선수는 체력과 기술뿐만 아니라 심리적인 측면에서도 이상적인
상태를 갖고 있다.

❷ 운동의 심리 · 생리적 효과

■ 운동이 불안에 미치는 영향

운동을 하면 대개 체력이 향상된다. 체력이 향상되면 자신감이 생기기
때문에 불안을 감소시키는 효과가 상당히 크고, 수면의 질 향상에도 도움
이 되는 것으로 알려져 있다. 운동을 하면 기분이 상쾌해지고 기분이 좋아
지기 때문에 긴장이나 불안 해소에 도움이 된다.

메타분석의 결과를 보면 유산소 운동은 불안을 감소시키지만, 고강도
의 무산소 운동은 불안감소의 효과가 없거나 오히려 더 증가시킨다.

운동기간과 불안의 해소 사이에도 관계가 있다. 즉 장기간 동안 운동
을 실시하면 특성불안을 감소시키지만, 일회성 운동은 상태불안을 일시
적으로 감소시킨다고 한다.

■ 운동이 우울증에 미치는 영향

우울증은 낙담, 비애, 자존심의 결여, 자포자기, 결단력의 부족, 피로감,

성급함 등의 특성을 나타내는 심리적인 질병 중 하나이다. 지금까지는 약물요법을 주로 사용해왔으나 운동이 우울증 치료에 탁월한 효과가 있다는 것이 최근에 많이 밝혀지고 있다.

노스와 맥컬라우(T. C. North & P. McCullagh, 1990)에 의하면 운동은 연령과 관계없이 우울증의 증상을 감소시키고, 운동기간이 길수록(9주 이상) 또 운동빈도가 높을수록 우울증의 치료효과가 좋다고 하면서 운동강도와는 별 상관이 없다고 하였다.

■ 운동이 자긍심에 미치는 영향

산스트로엠과 모건(R. J. Sonstroem & W. P. Morgan, 1989)에 의하면 초등학생에서 성인까지 거의 모든 연령대에서 체력이 증가하면 자긍심이 커진다고 한다.

특히 어린 청소년들의 정서발달이 건전하게 되도록 유도하기 위해서는 자긍심이 필수적이다. 그들은 운동경험을 통한 체력의 증가, 건강에 대한 자신감, 자기유능감, 건강에 유익한 습관, 주의집중력의 증가 등이 복합적으로 작용하여 자긍심이 증가한다.

■ 운동이 스트레스에 미치는 영향

개인의 능력이 욕구와 동일하거나 그 이상이라고 지각하면 스트레스가 생기지 않지만, 반대로 욕구가 개인의 능력을 뛰어넘는다고 지각하면 스트레스가 유발된다.

스트레스가 발생하면 대부분의 사람들은 그것을 해소시키려고 여러 가지 방법(음주, 흡연, 회피, 부정, 인지재구성 등)으로 대처하는데, 운동도 대처방법 중의 하나이다. 크류와 랜더스(Crew & Landers, 1987)의 연구에 의하면 유산소 운동을 한 사람들이 스트레스에 대해서 덜 민감하게 반응하고, 스트레스를 받은 후에 빨리 평상시 수준으로 돌아간다고 한다.

또한 단기간의 운동보다 장기간의 운동이 스트레스를 받은 후 회복에 훨씬 더 효과적이고, 높은 수준의 스트레스를 견디는 것보다 낮은 수준의 스트레스를 견디는 데에 더 효과적이라고 한다.

맥길리와 홀메스(B. M. McGilley & D. S. Holmes, 1988)의 연구에서도 유산소 운동을 경험한 집단이 스트레스 초기에 스트레스에 덜 민감하고, 심박수가 빠르게 회복되었으며, 불안수준이 낮게 나타났다. 또한 체력이 우수한 집단이 낮은 집단보다 심리적 스트레스에 덜 민감하게 반응하였다.

■ 운동이 기분에 미치는 영향

힘들게 운동을 하는 도중에 오히려 편안하고, 행복하며, 아주 즐거운 기분이 드는 경우가 종종있다. 이것을 달리기 선수의 기쁨(runner's high)이라고 한다.

그리고 우수한 선수들은 일반인에 비하여 긴장, 우울, 분노, 피로, 혼돈 등 부정적인 기분상태를 잘 보이지 않는다.

■ 운동의 부정적인 영향

마라톤 동호인 중에 하루에 20km 이상을 달리지 않으면 몸에서 통증이 나서 견디지 못하고, 열이 나는 등 금단증세를 보이는 경우가 있다. 이러한 운동중독은 건강에 좋을 것 같지만 식이장애를 일으키거나, 지나친 운동 때문에 탈진 또는 우울증을 유발할 수도 있다.

운동중독도 하나의 병이라고 생각해야 한다.

❸ 운동의 심리적 효과를 설명하는 이론 ·······························

운동은 신체활동인데 왜 심리적인 효과가 발생하는지를 밝히려는 이론에는 다음과 같은 가설들이 있다. 그러나 어떤 이론도 운동과 정신건강의 관계 또는 운동의 심리적 효과를 명쾌하게 설명하지는 못하고 있다.

❖ **열발생 가설**……운동을 하면 체온이 상승하고, 체온이 상승하면 뇌에서 근육에게 이완 명령을 내리기 때문에 심리적으로 편안해진다.

❖ **주의분리 가설**……인간은 일상적인 생활패턴에서 분리되었을 때에 적절한 불안과 생리적 활성화가 발생한다. 그런데 운동을 하면 일상생활 패턴에서 일시적으로 주의를 분리시키므로 기분을 전환시킨다.

❖ **모노아민 가설**……운동을 하면 신경전달물질의 분비가 증가하기 때문에 정서에 변화가 생긴다.

❖ **뇌변화 가설**……운동을 하면 뇌의 혈관이 많아지기 때문에 인지능력 등이 향상된다.

❖ **생리적 강인함 가설**……운동을 규칙적으로 하면 스트레스를 규칙적으로 가하는 것이기 때문에 스트레스에 견디는 능력이 향상되고, 그러면 정서적으로 안정된다.

❖ **사회 · 심리적 가설**……운동을 하면 기분이 좋아질 것이라고 기대하기 때문에 위약효과에 의해서 심리적인 효과가 생긴다.

❹ 신체활동의 심리 측정

운동강도, 신체활동의 양, 운동정서 등은 자연과학적인 방법으로 측정하는 것이 옳고 또 객관적인 자료가 된다. 그런데 이러한 것들은 사람에 따라서 느끼는 정도가 다르기 때문에 자연과학적으로 측정한 것이 오히려 틀린 것처럼 여겨질 때가 있다. 그래서 심리적으로 측정하는 방법들을 개발해서 운동의 심리적 효과를 검증할 때 이용하고 있다.

■ 운동강도의 심리적 측정

심리적인 방법으로 운동강도를 측정하는 도구에는 보르그(Borg, 1988)가 개발한 주관적인 운동강도 측정 척도(RPE : Rating of Perceived Exertion Scale)가 있다.

10킬로그램짜리 바벨을 든다고 할 때 청년들에게는 식은 죽 먹기처럼 쉬운 일이지만, 90먹은 할머니에게는 젖 먹던 힘까지 다 내야 하는 일일 수도 있기 때문에 자신이 느끼기에 힘 드는 정도를 6에서 20까지의 숫자로 나타내라고 해서 운동강도를 측정하는 방법이다.

0에서 10까지의 숫자로 나타내든지 할 것이지 왜 하필이면 6에서 20까지의 숫자로 나타내게 했는지 의문이 생길 것이다. 사람이 가만히 앉아서 쉬고 있을 때의 심박수가 분당 약 60회이고, 가장 힘들게 운동하고 있을 때의 심박수가 분당 약 200회이기 때문에 6에서 20까지의 숫자로 나타내게 하면 그당시의 심박수를 짐작할 수 있을 것이라는 생각으로 그렇게 만들었다고 한다. 그러나 실제로 해보았더니 예측한 심박수와 실제 심박수가 잘 맞지 않아서 심박수 예측은 하지 않는다.

이밖에도 운동하면서 노래를 할 수 있으면 '가벼운 운동', 운동하면서 옆 사람과 대화할 수 있으면 '중간강도의 운동', 운동하면서 옆 사람과 대화를 할 수 없을 정도로 숨이 차면 '고강도의 운동'으로 분류하는 방법도 있다.

■ 신체활동 양(量)의 심리적 측정

신체활동의 양이란 '신체가 소비하는 에너지의 양'이라는 말과 같은 뜻이다. 신체활동 양의 심리적 측정방법에는 고딘과 세파드(M. H. Godin & R. J. Shephard, 1985)가 개발한 여가활동질문지(Leisure Time Excercise Questionnaire)가 있다.

그림 5-1과 같은 질문지로 1주일 동안 여가시간에 한 운동의 양을 조사한 다음, 운동을 하면서 소비한 에너지의 양을 대략적으로 계산해서 그 사람의 생활(운동)습관을 칼로리 수(MET수)로 나타내는 것이다. 운동을 15분 이상 하는 횟수를 물어본 이유는 '15분 운동한 것'을 하나의 단위로 보겠다는 뜻이다.

MET(metabolic equivalent of task)는 우리말로 작업의 대사등가(代謝等價)라고 번역한다. 그 의미는 "사람이 가만히 앉아서 쉬고 있어도 1분 동안에 체중 1킬로그램당 얼마씩의 에너지를 소모하는데, 그것을 1 MET라고 한다."는 뜻이다.

그러므로 체중이 60킬로그램인 사람은 가만히 앉아 있어도 1분 동안에 60METs의 에너지를 소비해야 하고, 저강도의 운동을 하면 쉴 때보다 3배의 에너지(180METs)를 소비하며, 고강도의 운동을 하면 9배(540METs)의 에너지를 소비한다는 뜻이다.

일주일(7일간) 기준으로 여가시간에 다음과 같은 운동을 15분 이상하는 것을 대체로 몇 회나 했습니까?(원 안에 숫자를 적으시오.)

주당횟수

a) 고강도 운동(심장이 빠르게 뛰는 운동)
[운동의 예 : 달리기, 조깅, 하키, 축구, 스쿼시, 농구, 유도, 강도 높은 수영 등]
◯ 회

b) 중간강도 운동(아주 어려운 운동은 아님)
[운동의 예 : 빠르게 걷기, 야구, 테니스, 자전거 타기, 배구, 배드민턴, 천천히 수영하기]
◯ 회

c) 저강도 운동(최소한의 노력)
[운동의 예 : 요가, 양궁, 낚시, 볼링, 골프, 천천히 걷기]
◯ 회

채점방법 : 고강도에 해당하는 운동빈도에는 9, 중간강도에는 5, 저강도에는 3을 곱해서 모두 합한다. 단위는 MET이다.

▶ 그림 5-1   여가활동질문지의 일부

위와 같은 방법으로 그 사람이 1주일 동안에 소비하는 열량을 계산하면 운동을 많이 하는 습관을 가진 사람인지 적게 하는 습관을 가진 사람인지 알 수 있다.

운동정서의 심리적 측정

운동정서를 심리적으로 측정하는 방법으로는 맥네어(McNair, 1971) 등이 개발한 기분상태검사지(POMS : Profile of Mood States)가 있다.

검사는 자신이 지난 1주일 동안에 느꼈던 느낌을 묻는 65개 문항으로 구성되어 있고(그림 5-2의 왼쪽 : 여기에서는 일곱 개의 문항만 예시함), 각 문항에는 "전혀", "조금", "중간", "약간 많이", "아주 심하게" 중에서 하나를 선택하도록 되어 있다.

65개의 문항은 그림 5-2의 오른쪽과 같이 분노, 혼동, 우울, 피로, 긴장, 활력 등 6가지 정서로 나누어서 분석할 수 있도록 되어 있다. 정서별로 득점할 수 있는 최저점수와 최고점수가 다르다.

테리(P. C. Terry, 2013)가 운동선수 2,086명을 대상으로 POMS를 측정한 다음 선수의 수준별로(국제적인 선수 수준, 클럽선수 수준, 동호인 수준) 기준치를 제시한 것이 그림(그림 5-2의 아래쪽)이다.

모건과 존슨(Morgan & Johnson, 1978)이 POMS로 우수선수들의 정서 프로필을 측정해서 그래프로 그린 다음 빙산형 프로필이라고 이름 붙인 것이 그림 5-3이다.

Feeling	How I have felt
Friendly	Not at All ▼
Tense	Not at All ▼
Angry	Not at All ▼
Worn Out	Not at All ▼
Unhappy	Not at All ▼
Clear Headed	Not at All ▼
Lively	Not at All ▼

Mood Profile	Score
Anger(0~48)	
Confusion(0~28)	
Depression(0~60)	
Fatigue(0~28)	
Tension(0~36)	
Vigour(0~32)	

Group	Tension	Depression	Anger	Vigour	Fatigue	Confusion
International	5.66	4.38	6.24	18.51	5.37	4.00
Club	9.62	8.67	9.91	15.64	8.16	7.38
Recreational	6.00	3.11	3.60	17.78	6.37	4.84

▶ 그림 5-2   POMS(65문항 중 7문항)

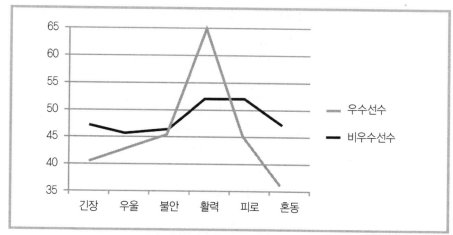

▶ **그림 5-3**   우수선수와 비우수선수의 성격

왓슨 등(Watson, et al., 1988)이 개발한 긍정적 & 부정적 감정 스케줄(PANAS : The Positive and Negative Affect Schedule)은 현재의 감정상태를 측정할 수 있는 도구이다.

이 척도는 느낌이나 정서상태를 설명하는 20개의 단어(문항)로 구성되어 있다. 각각에 대하여 지금 현재의 느낌(아무런 표시도 하지 않는다)과 지난 1주일 동안의 느낌(단어에 동그라미를 친다)을 표시할 수 있을 뿐 아니라, "아주 조금 또는 전혀", "조금", "중간", "조금 많이", "아주 심하게"로 나누어서 답할 수 있다(그림 5-4).

긍정적인 느낌은 1, 3, 5, 9, 10, 12, 14, 16, 17, 19번 문항이고, 점수는 10~50점을 얻을 수 있다. 점수가 높으면 긍정적인 기분수준이 높다는 것을 나타낸다. 현재 느낌의 평균점수는 29.7점이고, 주간 느낌의 평균점수는 33.3점이다.

부정적인 느낌은 2, 4, 6, 7, 8, 11, 13, 15, 18, 20번 문항이고, 점수는 10~50점을 얻을 수 있다. 점수가 높으면 부정적인 기분수준이 높다는 것

을 나타낸다. 현재 느낌의 평균점수는 14.8점이고, 주간 느낌의 평균점수
는 14.8점이다.

_____ 1. Interested	_____ 11. Irritable
_____ 2. Distressed	_____ 12. Alert
_____ 3. Excited	_____ 13. Ashamed
_____ 4. Upset	_____ 14. Inspired
_____ 5. Strong	_____ 15. Nervous
_____ 6. Guilty	_____ 16. Determined
_____ 7. Scared	_____ 17. Attentive
_____ 8. Hostile	_____ 18. Jittery
_____ 9. Enthusiastic	_____ 19. Active
_____ 10. Proud	_____ 20. Afraid

▶ 그림 5-4   PANAS의 20개 문항

02 운동심리 이론

사람들이 건강을 위해서든 취미로든 운동을 시작하게 된 원인 또는 그
과정을 설명하는 이론을 운동심리 이론이라고 한다. 운동심리 이론에는 합
리적 행동 이론, 계획적 행동 이론, 변화단계 이론, 사회생태학 이론, 자기
효능감 이론, 건강신념 이론 등이 있다.

■ 합리적 행동 이론

개인이 운동을 하려는 의도(intention)가 있으면 운동을 실천하고, 의도가 없으면 운동을 하지 않는다는 이론이다. 운동행동에 대하여 그 사람이 가지고 있는 생각(운동행동에 대한 태도)과 주요 타자들의 생각이 그 사람의 운동의도에 영향을 미친다.

다시 말해서 운동을 하는 것이 중요하다고 스스로 생각하는지 여부와 주위 사람들이 운동하는 것을 권유하거나 찬성하느냐 아니면 반대이냐에 따라서 그 사람의 운동의도가 결정된다고 한다.

대부분의 인간행동은 행위자의 의지에 따라 통제될 수 있기 때문에 행동의 직접적인 결정요인은 행동에 대한 태도가 아니라 행동을 수행하려는 행동의도로 본다는 것이다.

■ 계획적 행동 이론

계획적 행동 이론은 합리적 행동 이론에는 포함되어 있지 않는 지각된 행동 통제감이라는 개념을 추가해서 확장한 것이다. 운동행동을 방해하는 요인을 자신이 통제할 수 있다는 자신감을 행동통제감이라 한다. 개인이 어떠한 행동을 하고 싶어도 그럴 수 있는 상황 하에 있지 않다면, 행동의도가 실제 행동으로 이어질 가능성은 낮다고 할 수 있다.

실제로 많은 행동의 수행이 완전한 의지적 통제 하에 있지 않으며, 모든 행동의 선택은 어느 정도 불확실성을 가지고 있기 때문에 기존의 합리적 행동 이론에 지각된 행동통제감이라는 개념을 추가해서 계획적 행동 이론을 제시한 것이다.

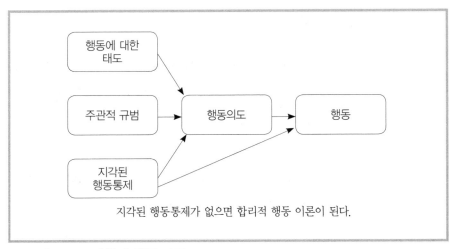

지각된 행동통제가 없으면 합리적 행동 이론이 된다.

▶ 그림 5-5 계획적 행동 이론

■ 변화단계 이론

인간의 행동은 시간을 두고 천천히 단계적으로 변화하기 때문에 운동하려는 의도가 생겼다고 해서 갑자기 운동을 실천하는 것이 아니라는 이론이다.

운동행동의 변화를 무관심→ 관심→ 준비→ 실천→ 유지의 5단계로 구분한다. 변화단계 이론에서는 행동이 변화되는 과정을 비선형적으로 보고, 같은 단계에 속한 사람들끼리는 유사한 특성이 있고 다른 단계에 속한 사람과는 특성에서 차이가 있다고 본다. 한 단계에서 다른 단계로 옮겨가기 위해서는 반드시 정해진 과제를 달성해야 하는 단계별 특징이 있다. 특정 단계에서 상위로 높아질 수도 있지만, 정체 또는 퇴보도 가능하다.

변화단계 이론에서 행동을 변화시키는 요인에는 다음의 3가지가 있다.

❖ **자기효능감**……자기효능감은 무관심 단계일 때 가장 낮으며, 유지 단계에서 가장 높다. 즉 가장 낮은 무관심 단계에서 한 단계씩 단계가

높아짐에 따라 자기효능감도 비례해서 직선적으로 높아지는 경향을 보인다.

❖ **의사결정 균형**······의사결정 균형이란 원하는 행동을 했을 때 기대되는 혜택과 손실을 평가하는 것이다. 단계가 높아짐에 따라 혜택 인식은 증가하는 반면, 손실 인식은 감소하는 경향을 보인다.

❖ **변화과정**······변화과정이란 한 단계에서 다른 단계로 이동하기 위해서 사용하는 전략으로, 체험적 과정과 행동적 과정이 있다.

- 체험적 과정······운동에 대한 개인의 태도, 생각, 느낌을 바꾸는 것 = 운동을 시작하기 위해 필요한 정보를 얻는 과정, 운동에 관한 자료를 제공하거나 운동을 시작한 사람의 예를 설명해 주는 등의 활동

- 행동적 과정······행동수준에서 환경 변화를 유도하는 것 = 눈에 잘 띄는 곳에 운동복 걸어두기, TV 리모콘 배터리 빼기

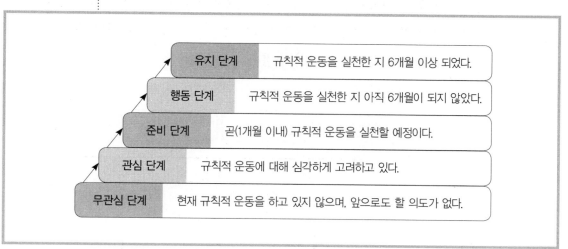

유지 단계	규칙적 운동을 실천한 지 6개월 이상 되었다.
행동 단계	규칙적 운동을 실천한 지 아직 6개월이 되지 않았다.
준비 단계	곧(1개월 이내) 규칙적 운동을 실천할 예정이다.
관심 단계	규칙적 운동에 대해 심각하게 고려하고 있다.
무관심 단계	현재 규칙적 운동을 하고 있지 않으며, 앞으로도 할 의도가 없다.

▶ 그림 5-6   변화단계 이론

■ 건강신념 모형

질병이 발생할 가능성이 있다는 인식과, 질병에 걸리면 심각한 문제가 생긴다는 인식이 건강행동의 실천에 영향을 미친다는 이론이다. 질병예방 행동을 했을 때에 생기는 이익과 질병예방 행동을 위해서 투자해야 하는 손실을 비교한 결과에 따라서 운동행동의 실천 여부가 결정된다.

■ 자기효능감 이론

특정상황에서 자기에게 주어진 과제를 성공적으로 수행할 수 있다는 신념을 자기효능감이라고 하는데, 자기효능감이 높을수록 운동행동을 실천에 옮길 가능성이 높다는 이론이다.

자기효능감은 ① 과거의 수행에서 성공한 경험과 실패한 경험, ② 주변에 있는 사람이 성공 또는 실패한 것을 본 대리경험 또는 간접경험, ③ 주요 타자들이 권유하거나 만류하는 언어적 설득, ④ 자신의 몸상태와 정서 상태 등의 영향을 받아서 결정된다.

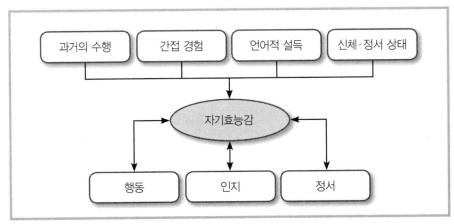

▶ 그림 5-7   자기효능감 이론

형성된 자기효능감은 자신의 행동, 주변 사물의 인지, 자신의 정서 등에 영향을 미친다고 한다.

■ 사회생태학 이론

사람이 운동을 실천하거나 안 하는 이유를 개인적인 관점에서만 찾지 말고, 사회와 국가는 물론이고 자연환경까지도 포함시켜야 한다는 이론이다.

사회생태학 이론에서는 인간과 환경은 분리될 수가 없고 지속적인 상호작용과 상호교환을 통하여 서로에게 영향을 미치고 서로를 형성하며 상호 적응하는 호혜적 관계를 유지하고 있다고 본다.

따라서 인간은 생활환경 속에서 타인과 가치 있는 사회적 관계를 맺고 존경과 관심을 주고받음으로써 자아를 발달시키고 사회적 역할 기대를 적절히 이행하고, 일생 동안 타인과 상호의존성을 유지시킬 수 있어야 생존을 보장받고 삶의 적절성을 확보할 수 있다고 본다.

사회적 환경요인에는 운동을 지지해주는 행동, 사회적 분위기, 문화, 운동에 대한 인센티브 정책, 운동을 위한 자원과 시설에 대한 정책 등이 포

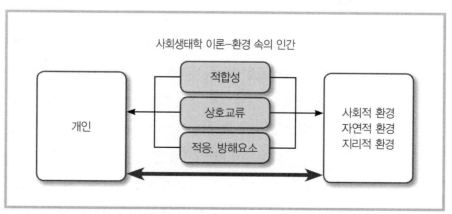

▶ 그림 5-8   사회생태학 이론

함된다. 자연적 환경요인에는 날씨, 지리적 조건 등이 있으며, 인공적 환경요인에는 정보, 도시화의 정도, 건축물, 교통 환경, 여가를 위한 기반시설 등이 있다.

03 운동실천 중재전략

1 운동실천에 영향을 미치는 요인(1)

운동을 실천하고 있지 않는 사람을 부추겨서 운동을 하도록 만드는 것을 운동실천 중재전략이라고 한다. 먼저 운동실천에 영향을 미치는 요인에는 어떤 것들이 있는지 알아본 다음 그 요인들을 이용해서 중재전략을 세워야 한다. 개인의 운동실천에 영향을 미치는 요인은 개인적인 요인, 환경적인 요인, 운동특성 요인으로 분류할 수 있다.

■ 개인적인 요인

소득수준이 높고 교육수준이 높으면 운동을 실천할 가능성이 높은 반면에 육체노동을 하거나 몸이 허약한 사람은 운동을 실천할 가능성이 낮다. 운동에 대한 자기효능감과 자기동기가 높은 사람은 운동을 시작하기도 쉽고 운동을 오래 동안 지속하기도 쉽다. 그러나 운동에 대한 자기효능감과 자기동기가 낮은 사람은 운동을 시작했더라도 중도에 포기하기 쉽다.

근무시간이 자주 변경되거나 기분이 자주 변하는 사람은 운동실천을 잘하지 못하고, 운동을 즐겁게 생각하거나 운동을 하면 몸에 이로운 점이 많다고 생각하는 사람은 운동을 지속적으로 오래 할 수 있다. 그러나 나이가 많거나 운동이 건강에 별로 도움이 되지 않는다고 생각하는 사람은 운동을 하고 있더라도 곧 중단하게 된다.

학창 시절이나 성인기에 운동을 한 경험이 있다고 해서 나이 먹을 때까지 운동을 계속하는 것은 아니다. 단체경기를 하거나 클럽활동 경험이 있는

▶ 표 5-1   운동 실천에 영향을 주는 개인적 요인

구 분	요인	긍정적	부정적	중립적
개인 특성	나이		○	
	육체노동 직업		○	
	교육수준	○		
	성(남성)	○		
	심장질환 고위험성		○	
	소득 및 사회경제적 지위	○		
	과체중 및 비만			○
인지 성격	태도			○
	운동방해 요인		○	
	운동 재미	○		
	건강 및 기타 혜택 인식	○		
	운동 의도	○		
	건강 및 운동 지식			○
	시간 부족		○	
	기분 변동		○	
	건강 또는 체력 인식	○		
	운동 자기효능감	○		
	자기동기	○		
행동	다이어트			○
	과거 아동기의 비구조화된 신체활동			○
	과거 청소년기의 비구조화된 신체활동	○		
	과거 체육 프로그램 참가	○		
	학교운동부			○
	흡연		○	
	A형 행동 패턴		○	

자료 : Weinberg & Gould(2007).

사람은 중간에 운동을 그만두더라도 언젠가는 다시 시작할 가능성이 높다.

표 5-1은 와인버그와 고울드(R. S. Weinberg & D. Gould, 2007)가 제시한 운동실천에 영향을 주는 개인적인 요인들을 정리한 것이다.

■ 환경적인 요인

환경적 요인에는 사회적 환경요인과 물리적 환경요인이 있다. 사회적 환경요인에는 배우자, 가족, 친지, 지도자가 있고, 물리적 환경요인에는 기후와 시설 등이 있다.

배우자, 가족, 친지, 지도자 등이 운동을 지지해주면 운동을 시작하기도 쉽고 오래 동안 지속하는 데에 도움이 된다.

기후가 너무 따뜻하거나 추우면 운동에 방해가 되고, 계절이 뚜렷하면 운동에 도움이 되는 것으로 알려져 있다. 운동시설이 집이나 생활공간으

▶ 표 5-2   운동 실천에 영향을 주는 환경적 요인

구 분	요 인	긍정적	부정적	중립적
사회적 환경	반 크기			○
	집단응집력	○		
	의사의 영향력			○
	과거 가족 영향	○		
	친구와 동료의 사회적 지지	○		
	배우자와 가족의 사회적 지지	○		
	지도자의 사회적 지지	○		
물리적 환경	기후와 계절		○	
	비용			○
	루틴의 변동		○	
	시설에 대한 실제적 접근성	○		
	시설에 대한 인식된 접근성	○		
	가정용 운동 장비			○

자료 : Weinberg & Gould(2007).

로부터 가까이 있고, 교통환경 등 운동시설에 접근성이 좋으면 운동을 자주하게 된다.

표 5-2는 와인버그와 고울드(Weinberg & Gould, 2007)가 제시한 운동실천에 영향을 주는 환경적 요인들을 정리한 것이다.

■ 운동특성 요인

자신이 실천하고 있는 운동이 아주 쉽거나 너무 어렵거나 또는 부상을 당할 위험성이 크면 운동을 시작하는 데에 방해가 된다. 그러나 성격상 위험한 것이나 스릴을 즐기는 사람은 암벽타기와 같이 위험한 운동을 오히려 더 좋아할 수도 있다.

운동의 강도를 약하게 하면 운동을 쉽게 할 수 있으므로 오래 지속할 것 같지만, 너무 강도가 낮으면 오히려 싫증을 내는 것으로 조사되었다. 즉 운동강도가 너무 강하면 지치거나 피로 때문에 운동을 중간에 그만두지만 중간정도의 운동강도로 운동을 하면 운동을 지속할 수 있는 가능성이 가장 높다.

표 5-3은 와인버그와 고울드(Weinberg & Gould, 2007)가 제시한 운동 실천에 영향을 주는 운동특성 요인들을 정리한 것이다.

▶ 표 5-3 　운동 실천에 영향을 주는 운동특성 요인

구 분	요 인	긍정적	부정적	중립적
운동특성	운동강도		○	
	인지된 노력		○	
	단체 프로그램	○		
	지도자 수준	○		

자료 : Weinberg & Gould(2007).

❷ 운동실천에 영향을 미치는 요인(2)

■ 지도자의 영향

운동을 지도해주는 지도자의 자질이나 수준도 운동을 지속하는 데에 큰 영향을 미친다. 즉 지도자가 성실하지 못하면 운동을 그만 둘 가능성이 높아지고, 지도자가 열성적으로 잘 가르쳐주면 운동이 싫어도 지도자 때문에 계속하는 경우가 많다.

지도자가 회원들이 운동을 시작하도록 또는 운동을 계속해서 하도록 부추기는 역할을 하는 것을 지도자의 운동 중재전략이라 한다.

지도자의 운동 중재전략 중에 가장 중요한 것이 운동을 지도하는 리더십 유형이다. 리더십 유형은 분류하는 방법에 따라서 여러 종류가 있을 수 있지만 가장 간단하게 권위주의적 스타일과 민주주의적 스타일로 구분할 수 있다.

스포츠 지도자는 이 두 가지 리더십 스타일 중 어느 하나에 속하는 것이 일반적이지만, 회원들이 운동을 지속할 수 있도록 중재하기 위해서는 두 가지 스타일을 융합해서 이용해야 한다고 한다. 즉 회원이나 상황에 따라서 권위주의적 리더십을 발휘할 때도 있고, 민주주의적 리더십을 발휘할 때도 있어야 한다는 것이다.

지도자의 지도행동에 따라서 클럽 또는 집단의 운동 분위기가 좌우되는 경우가 많다. 예를 들어 수업을 할 때 회원의 이름을 불러주고, 회원과 대화를 자주 나누며, 회원이 하는 질문에 성의껏 대답해주고, 회원을 자주 칭찬하고 격려해주면 수업 분위기가 확 살아나게 된다. 그러나 이와 반대로 행동하면 수업이 무미건조하고 재미가 없어서 빨리 끝나기만을 기다리게 된다.

■ 집단의 영향

자신이 속해 있는 운동집단의 크기가 작아서 가족적인 분위기이거나 그 집단의 응집력이 강하면 운동을 오래 동안 지속하는 데에 크게 도움이 된다. 연구 결과에 의하면 응집력이 높은 집단은 낮은 집단에 비하여 운동을 지속적으로 실천하고, 중도에 포기하는 회원의 비율이 낮다.

응집력 단원에서 설명한 응집력 향상 전략을 이용해서 집단의 응집력을 향상시켰더니 중도에 운동을 포기하는 학생과 지각하는 학생이 줄었다는 연구 보고도 있다. 또 응집력이 높아지면 회원들의 운동에 대한 긍정적인 태도가 높아지고, 자기효능감이 더 높아진다는 보고도 있다.

■ 문화의 영향

사회 구성원들이 공통적으로 가지고 있는 가치, 관습, 규범, 규칙, 신념 등을 문화라고 한다. 우리나라 사람들은 오랜 동안 농경생활을 해온 민족이기 때문에 서양의 문화와 큰 차이가 있다. 그래서 우리나라 사람들은 전투적인 스포츠보다는 섬세한 스포츠를 더 선호하는 경향이 있다. 우리나라의 양궁 · 골프 · 사격 · 탁구 등은 세계에서 톱 클라스이지만, 육상이나 격투기 종목에서는 크게 두각을 나타내지 못하는 것도 문화의 영향으로 볼 수 있다.

의식주가 서양화됨에 따라서 체질이 비만해지고 젊은이들이 운동을 멀리하는 것도 문화의 영향이다. 또한 요가나 에어로빅 또는 조깅을 하는 사람 대부분이 여자라는 것도 남자와 여자의 역할 분담이라는 문화적 유산의 영향이라고 볼 수 있다.

요사이 프로야구, 프로농구, 프로축구, 프로배구 등의 경기가 활발하게 열리는 것도 대중 매체의 발달이라는 통신문화의 영향이 대단히 크고, 등산이나 캠핑 등 야외 스포츠가 성행하는 것도 웰빙 문화와 관련이 깊다.

■ 사회적 지지 요인

그 사회에 속한 다른 사람들로부터 사랑받고 있다는 것을 인식하고, 편안한 느낌을 가지며, 사회로부터 도움이나 정보를 얻는 것을 사회적 지지라고 한다. 운동을 할 때 받을 수 있는 사회적 지지에는 다음과 같은 종류가 있다.

사회적 지지를 받으면 운동을 시작하거나 운동을 지속할 가능성이 많다.

❖ **동반자적 지지**……운동을 함께하면서 동반자 역할을 하는 것.

❖ **정보적 지지**……운동방법·운동시설 등에 대한 안내와 조언을 받는 것.

❖ **정서적 지지**……가족이나 친지 또는 지도자로부터 칭찬과 격려를 받는 것.

❖ **도구적 지지**……운동을 할 때 보조자의 역할을 해주는 것처럼 실질적인 행동으로 도움을 받는 것.

❸ 이론에 근거한 운동실천 중재전략

앞 장 '제2절 운동심리 이론'에서 사람들이 건강을 위해서 또는 취미로 운동을 시작하게 되는 원인 또는 그 과정을 설명하는 이론이 운동심리 이론이라고 하였다.

그러므로 합리행동 이론, 계획행동 이론, 변화단계 이론, 사회생태학 이론, 자기효능감 이론, 건강신념 이론 등에서 주장하는 운동행동에 영향을 미치는 요인들 중에서 일부를 적절히 조절하면 운동을 시작하게 만들거나 운동을 계속해서 할 수 있도록 중재할 수 있을 것이라는 생각에서 만든 전략이 이론에 근거한 운동실천 중재전략이다.

■ 변화단계 이론

변화단계 이론에서는 행동이 변화되는 과정을 비선형적으로 보고, 운동행동의 변화를 무관심→ 관심→ 준비→ 실천→ 유지의 5단계로 구분할 때 각 단계마다 운동행동에 영향을 미치는 요인이 다르다고 하였다. 따라서 단계별로 운동실천을 중재할 수 있는 전략을 수립할 수 있다.

➜ 무관심 단계
무관심 단계에 속한 사람은 운동으로 얻는 혜택보다는 손실을 더 크게 생각한다. 그러므로 이 단계에 있는 사람에게는 운동으로 얻을 수 있는 혜택에 관한 정보를 많이 제공하면 운동을 시작하게 만들 수 있을 것이다.

➜ 관심 단계
❖ 운동을 했을 때 자신에게 어떤 이득이 오는지에 대해 좀 더 구체적으로 생각하게 한다.
❖ 하루 일과에 운동시간을 포함시킨다. 자신이 과거에 잘했거나 즐거움을 느꼈던 운동을 생각해 보고 시도한다.
❖ 운동에 대해 도움을 줄 수 있는 사람 한두 명으로부터 조언을 구한다.

➔ **준비 단계**

❖ 운동을 할 준비가 되어 있지만 제대로 못할 것이라는 생각 때문에 자기효능감이 낮다.

❖ 자기효능감을 높여주는 전략과 운동을 시작하도록 실질적인 도움을 준다.

❖ 운동 동반자 구하기, 운동 목표 설정하고 달성 방법 계획하기 등

➔ **실천 단계**

❖ 이미 운동을 실천하고 있다. 이전의 단계로 후퇴하지 않도록 조심해야 하는 단계로 가장 불안정한 단계이다.

❖ 운동실천을 방해하는 요인을 극복하는 방법을 제시한다.

❖ 목표 설정, 운동 계약, 스스로 격려하기, 연간 계획 수립하기, 주변의 지지 얻기 등

➔ **유지 단계**

❖ 6개월 이상 꾸준히 운동을 해왔다. 하위 단계로 내려갈 가능성이 낮다.

❖ 운동을 못하게 되는 상황이 무엇인가를 미리 파악하여 대비하는 전략을 세운다.

❖ 일정을 조정하여 운동 시간을 확보하기, 자신감과 웰빙 느낌 높이기, 다른 사람에게 운동 조언자 역할하기 등

자기효능감 이론

특정상황에서 자기에게 주어진 과제를 성공적으로 수행할 수 있다는

신념 즉, 자기효능감이 높을수록 운동행동을 실천에 옮길 가능성이 높다는 이론이다. 따라서 자기효능감을 높여주는 것이 중재전략이다.

자기효능감은 과거의 수행경험, 간접(대리)경험, 언어적 설득, 신체적 정서상태 등에 의해서 자기효능감이 향상되거나 저하된다.

따라서 다음과 같은 방법으로 자기효능감을 높여주어야 한다.

❖ 목표를 작게 나누어 비교적 쉬운 과제를 수행해서 성취감을 맛보게 한다.

❖ 다른 사람이 잘하는 것을 보면 자신도 잘할 수 있을 것이라는 자기효능감이 생긴다고 하였으므로 자신과 비슷한 또래친구가 잘하는 것을 관찰할 수 있는 기회를 제공한다.

❖ 운동을 하다가 실수한 것을 비난하거나 꾸짖으면 자기효능감이 떨어지고, 목표를 달성하기 위해서 열심히 노력한 것을 칭찬해거나 격려해주면 자기효능감이 향상된다고 하였으므로 학생들을 자주 칭찬해주고 격려해주어야 한다.

❖ 운동을 처음 시작하는 사람은 숨이 가빠지고, 피로해지며, 통증을 느끼는 등 운동에 따르는 부정적인 느낌을 갖기 쉽다. 그러므로 운동을 할 때 그러한 증상이 오는 것은 당연하고, 그 고비를 넘기면 편안해지고 오히려 기분이 좋아진다는 것을 이해시켜야 한다.

■ 자결성 이론

운동하는 것 자체가 좋아서 운동을 지속적으로 하면 내적동기에 의해서 운동을 한다고 하고, 외부에서 어떤 자극을 준 결과로 운동을 하면 외적동기에 의해서 운동을 한다고 한다. 자기 자신이 운동을 잘해서 상(외적

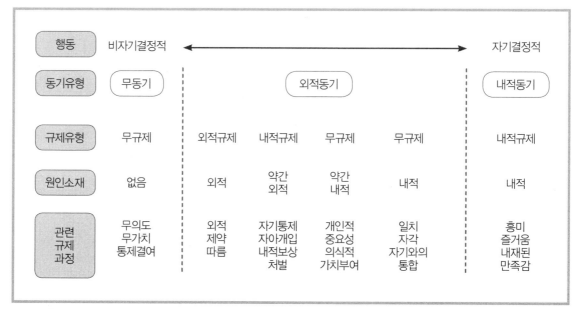

행동	비자기결정적 ←――――――――――→ 자기결정적					
동기유형	무동기	외적동기				내적동기
규제유형	무규제	외적규제	내적규제	무규제	무규제	내적규제
원인소재	없음	외적	약간 외적	약간 내적	내적	내적
관련 규제 과정	무의도 무가치 통제결여	외적 제약 따름	자기통제 자아개입 내적보상 처벌	개인적 중요성 의식적 가치부여	일치 자각 자기와의 통합	흥미 즐거움 내재된 만족감

▶ 그림 5-9   자결성 이론

보상)을 받았다고 느끼면 자기유능감(내적동기)에 긍정적인 영향을 미치지만, 운동을 하게 만들려고 상을 주었다고 생각하면 자신을 통제하려고 상을 준 것이므로 자기결정권을 침해당했다고 느끼게 되고 내적동기를 약화시키는 결과를 초래한다.

자결성 이론은 인간의 운동행동에 영향을 미치는 동기를 그림 5-9와 같이 내적동기, 외적동기, 그리고 무동기로 나누고 그것들이 일직선상에 있다고 주장하는 이론이다. 그림에서 무동기와 내적동기 사이에 외적동기가 있고, 외적동기를 외적규제, 내적규제, 확인규제, 통합규제로 나눈다.

운동을 하지 않으면 처벌을 받을까봐 운동을 하는 것이 외적규제이고, 스스로 의무감이 생겨서 운동을 하는 것이 내적규제, 자신이 설정한 목표를 달성하기 위해서 운동을 하는 것이 확인규제, 체력증진 · 경기실적 · 상급학교 진학 등을 위해서 운동을 하는 것이 통합규제이다.

그림 5-9에서 무동기에서 내적동기 방향으로 갈수록 자결성 수준이 높아진다는 것을 알 수 있다. 자결성이 높으면 운동을 안 하던 사람이 운동을 실천하게 된다든지, 운동을 하면 지속적으로 운동을 할 가능성이 높아지기 때문에 자결성을 높이는 중재전략이 필요하다.

자결성을 높이는 중재전략에는 다음과 같은 것들이 있다.

❖ 운동프로그램의 계획과 실천에 운동클럽 회원들을 많이 참여시킨다.
❖ 회원들이 성공체험을 자주 할 수 있도록 적절한 난이도의 목표를 설정한다.
❖ 운동 하는 중에 즐거움을 체험할 수 있도록 프로그램을 작성한다.
❖ 목표설정에 많은 회원들이 참여할수록 내적동기가 높아진다.

❹ 행동수정 및 인지전략

■ 행동수정 전략

운동습관에 영향을 줄 수 있는 환경적인 요소에 변화를 주어서 운동을 지속적으로 하게 만들려고 하는 전략을 행동수정 전략이라고 한다.

❖ 프롬프트(prompt)……프롬프트는 컴퓨터가 입력을 기다리고 있음을 알려주기 위해 화면에 나타나는 표시이다. 예를 들어 "직원 이름을 입력하시오."와 같은 메시지 다음에 깜박거리고 있는 것이 프롬프트이다. 여기에서는 컴퓨터 프롬프트를 말하는 것이 아니고 '뭔가를 보거나 들으면 운동을 해야 된다'는 생각이 드는 단서가 되는 것을 말한다. 예를 들어 세면대 앞의 거울에 칫솔 그림을 붙여놓으면 아이

가 세면대 앞에 가면 칫솔질을 먼저 해야 된다는 생각이 저절로 나게 하듯이, 현관문에 계단을 올라가는 그림을 붙여놓으면 출근하려고 나서는 순간 승강기를 타지 말고 계단을 이용해야 된다는 생각이 저절로 들게 만드는 것이 행동수정 전략 중의 하나인 프롬프트이다.

❖ **계약하기**······운동 지도자와 서면으로 계약을 하면 운동 목표 달성에 효과적이라는 연구 결과를 따라서 하는 것이다. 계약서는 자유롭게 작성할 수 있지만 운동 목표, 목표를 달성해야 하는 날자, 목표를 달성했을 때의 보상, 달성하지 못했을 때의 벌칙 등이 반드시 포함되어야 한다.

❖ **출석부 게시**······동호인 클럽에 가면 회비 납부 상황을 표로 만들어서 입구에 부착해 놓은 것을 쉽게 볼 수 있다. 그렇게 하면 회원들의 회비 납부 실적이 좋아지기 때문에 그렇게 하는 것이다. 마찬가지로 회원들의 출석부를 한 장의 표로 만들어서 게시한다든지 출석상황을 그래프로 만들어서 게시하면 회원들이 빠지지 않고 운동에 잘 참석할 것을 기대할 수 있다.

❖ **보상 제공**······월별로 우수회원을 선정해서 상을 주거나, 성적 향상이 가장 뛰어난 회원에게 박수를 쳐주거나, 아니면 공개적으로 칭찬을 하는 것도 훌륭한 행동수정 전략 중의 하나이다.

■ 인지 전략

개인의 생각이나 믿음 또는 마음가짐이나 태도 등에 변화를 주어서 운동을 시작하게 하거나 운동을 지속적으로 하게 만들려는 전략을 인지 전략이라 한다.

❖ **목표설정 전략**……개인이 달성하고자 하는 목표에는 '최선을 다 하겠다' 또는 '운동에 관심을 많이 가져야겠다'와 같은 주관적인 목표와 '이번 시즌에는 10골을 넣겠다' 또는 '한 경기에 평균 3개씩 서브 득점을 하겠다'와 같은 객관적인 목표가 있는데, 목표설정 전략에서는 반드시 객관적인 목표를 세워야 한다.

앞 절에서 설명한 계약하기와 비슷하게 객관적인 목표를 설정하고 운동을 하면 목표를 달성하기 위해서 더 많은 노력을 할 것이라고 기대하는 것이다. 목표설정에서 주의할 점은 실현 가능한 것을 목표로 세워야 한다는 것이다. 축구선수가 한 시즌에 100골을 넣겠다는 목표를 설정하면 목표 달성이 불가능하기 때문에 얼마 지나지 않아서 포기해버리기 때문이다.

목표를 설정할 때 지도자가 강제적으로 이만큼을 달성해야 된다는 식으로 하기보다는 개인이 스스로 목표를 정했을 때 운동을 더 열심히 한다는 연구결과가 있다.

❖ **의사결정 전략**……운동을 하지 않고 있는 사람을 권유해서 운동을 시작하게 만들려고 할 때 사용하는 전략이다. 운동을 하지 않던 사람이 운동을 하려고 하면 기존의 생활 패턴에서 상당한 변화가 필요하다.

생활 패턴에 변화가 생기면 더 편리해지거나 더 유익해지는 것도 있겠지만, 더 귀찮아지거나 그동안 지출하지 않던 돈과 시간을 투자해야 하는 것도 있을 것이다. 그런 것들을 꼼꼼히 따져서 이러이러한 것은 득이고 이러이러한 것은 손해인데, 득실을 계산해 보면 득이 더 많다는 식으로 설득해서 운동을 시작하게 만들려는 전략이 의사결정 전략이다.

그러므로 의사결정을 위한 손익계산서를 작성해야 하는데, 그

것을 의사결정 균형표(decision balance table)라고 한다. 의사결정 균형표에는 자신에게 주는 이득과 손실만 적어서는 안 되고, 다른 사람에게 주는 이득과 손실, 다른 사람으로부터 받는 인정과 무시(거절), 나 자신으로부터 받는 인정과 무시(거절)도 함께 적어야 한다.

❖ **동기유발 전략**……사람들이 스포츠에 참여하는 이유에는 운동기술의 향상, 재미, 새로운 기술의 습득, 도전, 다른 사람으로부터의 인정, 체력향상 등이 있다고 한다. 그렇다면 그러한 것들을 유발시키면 스스로 운동에 참여할 것이라고 기대하는 전략이 '동기유발 전략'이다.

효과적으로 동기를 유발시키는 방법에는 다음과 같은 것들이 있다.

- 운동의 목적을 제시한다.
- 구체적인 목표를 수립한다.
- 단계별 목표를 수립한다.
- 기능 향상을 체계적으로 기록한다.
- 적절한 강화를 제공한다.
- 과제지향적인 목표를 강조한다.
- 즉각적으로 피드백을 제공한다.

제6장

스포츠심리 상담

01 스포츠심리 상담의 개념

❶ 스포츠심리 상담의 정의

스포츠심리 상담은 스포츠 상황에서 참여자(선수, 코치, 관중)를 대상으로 경기력을 향상시키거나 인간적인 성장을 도와주기 위해서 심리기술 훈련과 상담을 적용하여 중재하는 과정을 말한다.

여기에서 심리기술 훈련은 신체의 움직임, 교육, 혼잣말, 목표설정, 심상, 루틴, 이완, 인지재구성 등의 방법을 이용해서 스포츠경기 또는 운동하기에 적절한 심리상태에 도달할 수 있도록 훈련하는 것을 말한다.

상담은 내담자(상담을 받으러 찾아 온 선수)와 상담자가 대면한 상태에서 어떤 문제를 해결하기 위한 방법 또는 인간적으로 더 성장할 수 있는 방법에 대하여 의논해서 결정하거나 학습하는 과정을 말한다.

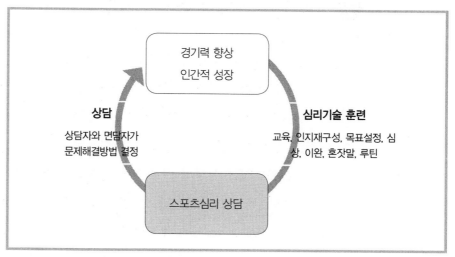

▶ 그림 6-1   스포츠심리 상담

스포츠심리 상담사란 스포츠심리학 이론을 바탕으로, 선수들이 최적의 심리 상태에서 시합에 임할 수 있도록 심리조절 전략을 가르쳐주는 사람을 말한다. 멋진 경기를 보여주는 선수 뒤에는 체력 향상을 돕는 '체력코치', 다양한 기술을 습득할 수 있도록 지도하는 '기술코치', 선수의 심리 상태를 최적으로 만들어주는 '멘탈코치(mental coach)' 등이 있는데, 스포츠심리상담사는 멘탈코치에 해당된다.

스포츠심리 상담이 일반심리 상담과 다른 점은 일반심리 상담의 경우 문제가 있는 부분이나 비정상인 부분을 정상으로 이끄는 것이 목적인데 반하여, 스포츠심리 상담은 선수들의 건강한 심리 상태, 즉 정상인 부분을 더욱 강화하여 시합 상황에 맞도록 한다는 점이다. 그러므로 스포츠심리 상담사는 치열한 승부의 세계에서 선수들이 심리적인 부담을 잊고 그 순간 최선을 다해 즐겁게 시합에 임하여 최상의 결과를 얻을 수 있도록 돕는 조력자 역할을 한다.

❷ 스포츠심리 상담의 이론적 모형

앞에서 상담은 내담자와 상담자가 대면한 상태에서 어떤 문제를 해결하기 위한 방법 또는 인간적으로 더 성장할 수 있는 방법에 대하여 의논해서 결정하거나 학습하는 과정이라고 하였으므로, 스포츠심리 상담의 이론이나 방법은 똑같은 것이 있을 수 없다.

즉 스포츠심리 상담의 이론적인 모형은 무한이 많이 있을 수 있다. 그러나 여기에서는 가장 일반적인 인지재구성 모형, 교육적 모형, 멘탈플랜 모형(mental plan model)에 대해서만 간략하게 설명하기로 한다.

■ 인지재구성 모형

스포츠심리 상담을 받으러 온 선수가 비합리적인 생각이나 신념을 가지고 있어서 경기에 방해가 된다고 판단될 때 사용하는 모형이다. 상담자는 내담자의 비합리적인 신념을 찾아낸 다음 합리적인 신념으로 바꿀 수 있는 방법을 가르쳐준다.

이 방법은 선수 자신이 마음속으로 시합에 대비하는 준비과정으로 부적절한 믿음을 버리고 합리적인 생각과 자기진술로 대처함으로써 경쟁불안을 감소시키고 자신감을 증대시키는 방법이라고 할 수 있다.

인지를 재구성하기 위해서 자기진술로 대처한 예를 몇 가지 들면 다음과 같다.

❖ 시합 중에 실수를 할까봐 걱정이 되지만 연습을 많이 하면 할수록 실수가 줄어드는 것을 알고 있다. 나는 연습을 충분히 했으므로 실수가 거의 없을 것이다.

❖ 지금의 나는 우연히 성적을 거두어서 된 것이 아니라 피땀 흘려 노력한 결과로 성적을 올려서 된 것이다. 그러므로 나는 쉽게 무너지지 않는다.

❖ 부모님, 선생님, 친구들이 나에 대하여 거는 기대가 큰 것을 안다. 그러나 나는 그런 기대에 개의치 않는다. 왜? 나는 나의 목표가 있고, 나의 목표를 달성하기 위해서 매일 같이 운동을 하고 있는 것이지, 다른 사람의 기대를 들어주려고 운동하는 것은 아니다.

❖ 내가 할 수 있는 일은 상대에 대하여 치밀하게 준비하고 탄탄하게 연습하는 것뿐이다. 나는 내가 할 수 있는 것에만 신경을 쓴다. 내가 할 수 없는 일에 신경을 쓰는 것은 시간과 정력을 낭비하는 것이다.

■ 교육적 모형

내담자가 처음 찾아왔을 때 어떤 방법으로 심리기술 훈련을 할 것인지 정하기 위해서 적용하는 모델로 4단계로 구성된다.

❖ 1단계……선수가 현재 가지고 있는(할 수 있는) 기능이 어느 수준인지 알아보는 것이다. 그러기 위해서 그 선수의 종목에서 중요한 몇 가지 기능에 대하여 운동역학적인 검사와 생리적인 기능 검사를 수행하는 단계이다.

❖ 2단계……선수의 심리상태를 알아보기 위해서 여러 가지 심리검사를 하는 단계이다. 대부분의 심리검사지가 설문지 형식으로 되어 있기 때문에 설문조사 단계라고도 한다.

❖ 3단계……선수의 기능과 심리상태를 알았으면 그 선수에게 운동을 열심히 할 수 있는 동기를 부여해야 한다. 동기부여 방법은 스포츠수행의 심리적 요인에서 자세히 설명하였으므로 여기에서는 생략한다. 동기부여 방법을 결정할 때에도 상담자가 단독으로 정하는 것보다는 내담자와 상담자가 상의해서 결정하는 것이 효과가 좋다고 알려져 있다.

❖ 4단계……마지막으로 심리기술을 개발하는 단계이다. 앞에서 심리기술 훈련은 신체의 움직임, 교육, 혼잣말, 목표설정, 심상, 루틴, 이완, 인지 재구성 등의 방법을 이용해서 스포츠경기 또는 운동하기에 적절한 심리상태에 도달할 수 있도록 훈련하는 것이라고 하였으므로 어떤 방법을 이용할 것인지 결정하는 단계라고 할 수 있다. 이 단계는 거의 내담자의 의견을 존중해서 결정해야 한다. 사람마다 성격이 다르듯이 효과적인 심리기법도 선수마다 다르고, 그것을 가장 잘 아는 사람은 본인이기 때문이다.

■ 멘탈플랜 모형

스포츠수행의 심리적 요인의 심상과 루틴에서 배운 것을 활용하는 모형이다. 즉 내담자에게 최상의 수행과 최저의 수행을 회상시켜서 두 수행 사이의 차이를 인식시킨 다음, 최상의 수행을 할 때의 상태를 이끌어낼 수 있는 심리기법을 선정하여 연습시키는 것이다.

어떤 모델을 이용해서 스포츠심리 상담을 하든 스포츠심리 상담이 성공적으로 이루어지려면 전문적인 지식이 풍부하고 선수의 개인적인 요구에 부응할 수 있는 융통성을 가진 상담사가 최상의 상담을 제공하려고 노력하는 것이 필수적이다.

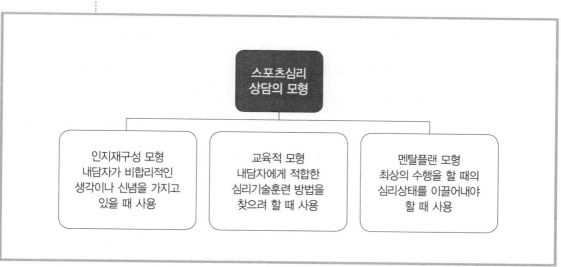

▶ 그림 6-2 스포츠심리 상담의 모형

❸ 스포츠심리 상담사의 역할과 윤리

■ 스포츠심리 상담사의 역할

한국스포츠심리학회에서는 스포츠심리상담사를 그 전문성에 따라 1급, 2급, 3급 스포츠심리상담사로 구분하고, 스포츠심리상담사의 역할은 다음과 같이 제시하고 있다(2015년 개정).

❖ 1급 스포츠심리 상담사······스포츠심리 상담을 할 수 있는 전문지식을 충분히 갖추고, 스포츠 및 운동과 관련한 현장에서 스포츠심리 프로그램을 개발·감독하고, 2급 및 3급 스포츠심리 상담사를 훈련·양성하며, 스포츠심리 측정 및 분석 서비스 등을 수행한다.

❖ 2급 스포츠심리 상담사······스포츠심리학에 관련된 전문지식을 갖추고, 스포츠와 운동 참가자를 대상으로 심리상태를 평가하고, 심리기법을 적용하며, 그와 관련된 적절한 상담과 심리기술 훈련 등을 수행한다.

❖ 3급 스포츠심리 상담사······스포츠심리학과 관련된 기본적 지식을 갖추고, 스포츠와 운동 현장에서 참가자의 참여와 수행을 촉진하는 역할 등을 수행한다.

미국의 응용심리학회(AAASP : American Association of Applied Sport Psychology)에서 1989년에 제시한 스포츠심리상담사의 서비스규정은 다음과 같다.

스포츠심리상담사들은

❖ 개인·집단·조직에 스포츠와 관련된 심리적 요인이 어떤 역할을 하는지에 대하여 정보를 전달해줄 수 있어야 한다.

❖ 운동이나 스포츠 상황에 적용할 수 있는 인지·행동·사회심리 및

정서적 기술을 지도할 수 있어야 한다.

❖ 운동이나 스포츠 상황에서 여러 심리적 요인의 이해와 측정, 경기력 향상을 위한 도움을 제공할 수 있어야 한다.

❖ 운동에 지속적으로 참여할 수 있는 방안, 의사소통, 집단응집력, 프로그램 개발 및 평가 등을 할 수 있어야 하고, 이러한 내용을 조직 · 집단 · 개인 등을 위해서 교육할 수 있어야 한다.

■ 스포츠심리 상담사의 자격

한국스포츠심리학회에서는 스포츠심리상담사의 자격을 다음과 같이 규정하고 있다.

❖ **1급 스포츠심리 상담사**……스포츠심리학 분야의 박사학위를 취득한 자 또는 2급 스포츠심리 상담사 자격을 취득한 자로서 다음 각 호의 조건을 모두 충족한 자

• 자격관리위원회가 인정하는 연수과정을 이수하고 시험에 합격

• 자격관리위원회가 인정하는 전문가의 감독 아래서 200시간 이상의 현장수련 및 자격관리위원회가 인정하는 학술행사에서 사례 발표

• 한국스포츠심리학회가 인정하는 학술행사 50시간 이상 이수

• 자격관리위원회의 자격심사 통과

❖ **2급 스포츠심리 상담사**……스포츠심리 관련분야의 석사학위 이상의 소지자 또는 3급 스포츠심리 상담사 자격을 취득한 자로서 다음 각 호의 조건을 모두 충족하는 자

• 자격관리위원회가 인정하는 연수과정을 이수하고 시험에 합격

- 자격관리위원회가 인정하는 전문가의 감독 아래서 140시간 이상의 현장수련 및 자격관리위원회가 인정하는 학술행사에서 사례 발표
- 한국스포츠심리학회가 인정하는 학술행사 30시간 이상 이수
- 자격관리위원회의 자격심사 통과
- 학회가 별도로 정한 학력과 경력을 소지하고 특별과정을 이수한 자

❖ **3급 스포츠심리 상담사**……학력제한은 없으며, 다음 각 호의 조건을 모두 충족한 자

- 스포츠와 운동 관련 현장에서 2년 이상 전일 근무를 했거나 체육 및 건강 관련 자격증 소지자 또는 체육 관련학과 재학생 이상
- 자격관리위원회가 인정하는 연수과정을 이수하고 시험에 합격
- 자격관리위원회의 자격심사 통과

■ 스포츠심리 상담윤리

한국스포츠심리학회에서 제시한 스포츠심리 상담 시 지켜야 할 상담윤리는 다음과 같다.

➔ 일반원칙

❖ 1조. 전문성

1항. 스포츠심리상담사는 자신의 전문성(competence) 영역과 한계 영역을 명확하게 인식하여야 한다.

2항. 스포츠심리상담사는 교육, 연수, 수련, 경험 등에 의해 충분히 자격을 인정받은 지식과 기법만을 제공해야 한다.

3항. 스포츠심리상담사는 자신의 활동분야에 있어서 측정, 처치, 상담, 교육, 연구 등에 임할 때 해당분야의 최근 연수 동향과 정보를 숙지하고 있어야 한다.

4항. 스포츠심리상담사는 전문가로서의 능력을 유지하고 개발시키기 위해 정기적 또는 비정기적으로 교육 및 지도감독을 받을 책무가 있다.

❖ 2조. 정직성

1항. 스포츠심리상담사는 연구, 교육 현장 적용에 있어서 성실, 정직, 공정해야 한다.

2항. 스포츠심리상담사는 자격과 경력, 서비스 제공, 연구수행 등에서 정직해야 한다.

3항. 스포츠심리상담사는 자격규정에 명시된 것 이상으로 자신의 자격을 과장하지 않는다.

❖ 3조. 책무성

1항. 스포츠심리상담사는 비윤리적 행동을 하는 회원으로부터 공공의 안녕과 학회(KSSP)를 보호할 의무가 있다.

2항. 스포츠심리상담사는 윤리기준을 준수하며 자신의 행동에 대한 책임을 진다.

3항. 스포츠심리상담사는 비윤리적 행동의 예방과 종결을 위해 필요한 경우 윤리위원회에 의뢰한다.

4항. 자격을 갖춘 스포츠심리상담사는 본 학회가 제정한 윤리규정에 서약한 것으로 간주한다.

❖ 4조. 인권존중

1항. 스포츠심리상담사는 선수 및 고객의 사생활, 비밀, 자유의지에 대한 권리를 존중한다.

2항. 스포츠심리상담사는 연령, 성, 국적, 종교, 장애, 언어, 사회경제적 지위 등 개인차를 존중한다.

3항. 스포츠심리상담사는 상담과정 또는 종료 후에 고객을 부당하게 이용하거나 속이는 행위 등 윤리강령을 위반하는 행동을 해서는 안 된다.

❖ 5조. 사회적 책임

1항. 스포츠심리상담사는 자신이 몸담고 있는 사회에 대한 전문적 · 학술적 책임을 인식한다.

2항. 스포츠심리상담사는 공공의 복리를 위해 지식을 현장에 적용하고, 다양한 방법으로 널리 알린다.

3항. 스포츠심리상담사는 연구할 때에도 공공의 복리를 증진시키고, 연구 참여자의 권리를 보호한다.

➜ 일반윤리

❖ 6조. 권력남용과 위협

1항. 스포츠심리상담사는 선수, 지도자, 학생, 수련생, 고용인, 연구 참여자, 고객을 대상으로 권력을 남용하지 않는다.

2항. 스포츠심리상담사는 삼담에 참여한 사람으로부터 좋은 평가나 소감(증언)을 요구하지 않는다.

❖ **7조. 의뢰와 위임**

1항. 스포츠심리상담사는 고객의 이익을 최우선에 두고 상담을 진행하고, 필요한 경우 다른 전문가에게 의뢰한다.

2항. 스포츠심리상담사는 타인에게 역할을 위임할 때에는 전문성이 있는 사람에게만 위임하여야 하며, 타인의 전문성을 확인하여야 한다.

3항. 스포츠심리상담사는 자신과 고객의 신변의 변화 혹은 이동이나 재정적 문제등으로 상담기간 중에 상담이 중단될 경우 이에 대한 적절한 조치를 취해야 한다.

❖ **8조. 상담비용**

1항. 스포츠심리상담사는 고객이나 상담 서비스 수혜자와 상담비용에 대해 공식적으로 상담을 동의하기 전에 합의해야 한다.

2항. 스포츠심리상담사는 상담비용 문제에 있어 서비스 수혜자에게 지나친 요구를 해서는 안 된다.

3항. 스포츠심리상담사는 상담비용을 수혜자의 소득수준과 실정에 맞게 책정해야 한다.

4항. 스포츠심리상담사는 상담비용 및 제반 문제로 상담이 제한될 경우 가능한 한 일찍 알려주어야 한다.

5항. 스포츠심리상담사는 미래에 예상되는 업적(예 : 메달 획득, 입상)을 기준으로 상담비용을 청구해서는 안 되며, 상담비용 대신 상담 체험 소감(증언 : "나로 인해 메달을 땄다")을 부탁해서도 안 된다. 다만 협회 및 공식기관으로부터 진행되는 상담인 경우에는 상담비용이나 포상금 지급 등이 계약체결에서 동반될 수 있다.

❖ **9조. 물품**

1항. 스포츠심리상담사는 상담에 대한 대가로 상담료 이외의 물품이나 금품 보상을 받지 않는다.

2항. 스포츠심리상담사는 감사의 표시로 기념품을 받을 때 그 물품이 제공한 서비스에 비추어 적당하며, 제공한 서비스에 대한 보상금이 아니라는 것을 확인해야 한다.

3항. 스포츠심리상담사는 계약 이외의 상금이나 보상을 받아서는 안 된다. 단, 협회 및 공식기관으로부터 진행되는 상담인 경우에는 계약 조건에 따라 달라질 수 있다.

❖ **10조. 부적절한 관계**

1항. 스포츠심리상담사는 알고 지내는 사람(가까운 친구, 친인척, 제자, 후배)과의 전문적인 상담 관계를 진행하지 않도록 한다.

2항. 스포츠심리상담사는 상담, 감독을 받는 학생이나 고객과 이성 관계로 만나지 않는다.

3항. 스포츠심리상담사는 미성년자 고객의 가족과는 개인적, 금전적 또는 다른 관계로 만나지 않는다.

4항. 스포츠심리상담사는 특별한 경우를 제외하고는 고객과 상담실 밖에서의 사적인 관계를 유지하지 않도록 한다.

❖ **11조. 비밀보장**

1항. 스포츠심리상담사는 상담 과정에서 얻은 사생활과 비밀유지에 대한 개인의 권리를 최대한 존중해야 한다.

2항. 스포츠심리상담사는 비밀 보장에 제한이 있거나, 상담과정에서 얻은 정보를 이용할 경우 미리 고객과 상의해야 한다.

3항. 스포츠심리상담사는 상담에 참여한 선수, 지도자, 학생, 수련생, 고용인, 연구 참여자, 고객 등에 대한 개인 정보는 동의 없이 서면이나 언론을 통해 공개해서는 안 된다.

4항. 스포츠심리상담사는 지도감독자, 사례 연구(case con-ference)에 참가한 모든 이들에게 고객의 사생활과 비밀이 보호되도록 주지시켜야 한다.

※ 이외의 심리검사 및 기법의 활용과 적용, 상담기록, 상담 동의서, 상담연구 수행, 포상과 징계에 관한 일반 윤리 조항(12~16항)은 한국스포츠심리학회의 스포츠심리상담사 연수교재를 참고하기 바란다.

02 스포츠심리 상담의 적용

❶ 스포츠심리 상담의 절차

스포츠심리 상담의 절차를 개괄하면 다음과 같다.

❖ **초기 접촉**……내담 예정자(선수)가 상담사에게 상담을 할 수 있는지, 상담을 어떻게 하는지, 상담의 내용이 무엇인지, 상담을 하면 어떤 좋은 점이 있는지 등을 전화로 문의하든지 찾아와서 묻는 것이다. 내담 예정자가 스포츠심리 상담에 대하여 관심을 갖게 되면 다음 단계로 넘어가고, 아니면 연락이 끊긴다.

❖ **접수 상담**……내담예정자와 상담사의 사정에 따라서 대면을 할 수도 있고 하지 못할 수도 있지만, 일반적으로 내담자가 상담신청서를 작성해서 제출하게 된다. 상담신청서에는 내담예정자의 인적사항과 무엇 때문에 상담을 받으려고 하는지 상담의 목적, 상담시간, 상담비

용 등에 관한 내용이 포함된다. 일반적으로 접수 상담을 통해서 상담사와 내담예정자 사이에 기본적인 계약관계가 성립되는 것으로 본다. 상담을 전체적으로 안내한 오리엔테이션과 같은 과정이고, 내담자와 상담자 사이에 상담에 대한 기대를 맞추어나가는 과정이기도 하다.

❖ **심리 검사**……내담자의 현재 심리상태를 알아야 심리 상담을 할 수 있기 때문에 심리검사를 하게 된다. 심리검사를 하는 측정도구(설문지)의 종류는 경우에 따라서 다를 것이고, 심리 상담사가 측정도구를 선택한다. 내담자의 관심사나 희망사항 등도 함께 알아두는 것이 좋다.

❖ **상담 결정**……심리검사 결과를 내담자와 상담사가 함께 검토하고, 상담내용, 심리기술 훈련의 방법, 주기, 시간, 횟수, 비용 등 대부분의 계약 내용을 확정한다. 실천계획도 이 단계에서 수립하는 것이 좋다.

❖ **상담 초기**……탐색단계. 상담시간, 상담 장소, 상담횟수, 상담시간에 늦거나 약속을 지키지 못할 사정이 생겼을 때 연락하는 방법들을 구체적으로 정하고, 상담과정이 어떻게 진행되는지, 상담자와 내담자는 어떤 역할을 해야 하는지 서로 협의하여 공유하며, 서로 간에 비밀을 보장해준다는 것을 다짐하고 그 약속을 서로 믿어야 한다. 내담자 자신이 문제와 관련된 상황이나 행동과정을 탐색하거나 조사하게 함으로써 상담과정에 적극적으로 참여하도록 유도한다.

❖ **상담 중기**……통찰단계. 내담자의 자기통찰을 통한 자기탐색이 깊어지고, 그동안 다른 사람에게 드러내기 어려워하던 생각이나 사실 또는 감정을 상담시간에 많이 개방하게 된다. 이러한 과정을 통해서 내담자는 자신이 처해 있는 환경이나 과거에 있었던 사건들이 현재 자신이 겪고 있는 문제와 어떻게 연결되어 있는지 깨닫게 된다. 내

담자가 현 상황에 영향을 주는 문화적 배경이나 사회·경제적 지위 등을 이해하게 되고, 자신이 가지고 있는 문제와 고통을 발견하게 된다. 자신이 해결할 수 있는 문제와 해결할 수 없는 문제를 현실적으로 판단할 수 있게 되고, 그와 관련된 자신의 부정적인 사고, 감정, 생활패턴, 관계유형 등을 자각하게 된다.

❖ 상담 말기……생활에서 변화를 확인하기, 작별하기, 상담종료 또는 연장이나 재계약

❷ 스포츠심리 상담의 기법

상담기법은 대단히 많기 때문에 여기에서 일일이 설명할 수는 없고, 상담이 진행되어가는 단계에 따라서 적용하는 상담기법에 차이가 있어야 상담의 효과를 더욱 더 높일 수 있다.

❖ 상담 관계를 수립하고 이끌어가는 단계
- 초기 상담시간에 친밀감의 형성과 구조화를 이룩한다.
- 내담자에게 관심을 기울여서 내담자가 자기 이야기를 하도록 이끌어준다.

❖ 내담자의 마음을 읽어주는 단계
- 내담자의 감정을 반영해 주고 생각과 의미를 반영해 준다.

❖ 내담자의 현재 상태와 미래의 꿈을 밝혀 주는 단계
- 내담자가 안고 있는 문제점을 규명하면서 동시에 내담자가 미처 인지하지 못하고 있는 자기 강점과 잠재력을 발견해주는 작업을 한다.
- 내담자가 상담에서 얻고자 기대하는 것, 즉 상담의 목표를 설정

한다.

- 상담의 목표를 설정하기 위해서는 내담자의 현재의 마음 상태와 욕구를 파악하고 내담자가 이상적으로 그리는 미래의 자기 모습과 미래 환경에 대해 구체적으로 명료화함으로써 가능해진다.

❖ 내담자의 문제점을 풀어나가는 단계

- 브레인스토밍을 통해 내담자가 여러 가지로 문제 해결에 관한 대안을 탐색하게 하고, 그중에서 가장 좋은 대안을 선택하여 실천계획을 수립하도록 원조한다.
- 상담자는 내담자의 특성에 맞는 상담이론을 적용한다.

❖ 내담자의 발전과 변화로 인도하는 단계

- 내담자가 온몸으로 조감하도록 돕고, 상담과정에서 일어나는 상담자-내담자의 상호 관계적 특성을 깨달을 수 있도록 인도한다.
- 상담자가 능동적으로 개입하여 내담자에게 필요한 인간관계의 기술 내지 문제해결의 방법 등을 가르쳐 주고 환경의 변화를 모색한다.
- 상담에서 내담자가 획득한 문제해결 능력이나 적응력이 실생활에 일반화되는 것을 지켜본다.

❖ 상담관계를 마무리하는 단계

- 상담의 성과를 평가하고 상담관계를 종결하는 작업을 한다.
- 상담자 자신의 전문성을 평가하고 자질 향상을 위한 성찰을 한다.

❸ 스포츠심리 상담의 기본조건

스포츠심리 상담이 이루어지기 위해서는 기본적으로 내담자와 상담사

사이에 다음과 같은 관계가 성립되어야 한다.

❖ **신뢰**……상담자는 내담자가 상담자를 믿고 의지할 수 있도록 신뢰할 수 있는 태도를 보여야 하며, 상담자와 내담자 사이에 라포르를 형성해야 한다. 라포르(Rapport)는 "(친밀한)관계, 일치[조화]하여, 마음이 맞아, 공명(共鳴)하여"라는 뜻이다. 신뢰를 형성할 수 있는 방법에는 다음과 같은 것들이 있다.

- 첫 상담 시 내담자가 원하는 것이 무엇인지 정확하게 파악하고, '도움을 줄 수 있다'는 인상을 심어준다.
- 내담자가 상담의 효과에 대하여 긍정적인 기대를 갖도록 해야 한다.
- 상담자가 전문성을 갖추어야 한다.
- 상담자가 내담자를 평가하지 않고, 공감적이고 온화한 느낌이 들도록 해야 한다.
- 상담자는 정직하고 솔직하며, 비밀을 엄수해주고, 진지하고 개방적이어야 한다.

❖ **수용**……수용은 편견이나 선입관 없이 내담자를 받아들이는 것이다. 내담자가 어떤 문제를 지니고 있든지, 어떤 인간적인 결함을 가지고 있든지, 또는 어떤 죄악과 과오를 범하였든지 간에 그를 한 인간으로서 대하고, 성장하고 발전할 필요가 있는 귀중한 인간으로 존중한다.

❖ **관심 집중**……상담자가 내담자에게 관심을 갖고 집중하는 것이 상담의 기본조건이다. 관심을 집중하는 기술에는 내담자를 향해서 앉기, 개방적인 자세 취하기, 내담자를 향해 몸을 기울여 앉기, 시선 맞추기, 긴장 풀기 등이 있다.

❖ **경청**……내담자의 언어적 메시지(말)뿐만 아니라 비언어적인 메시지(몸짓, 표정, 목소리 등)까지도 경청해야 한다. 경청하고 있다는 것을 내담자에게 확인시켜주어야 한다.

❖ **공감적 이해**……내담자와 같은 입장이 되거나 유사하게 느끼는 것이 공감적 이해이다. 내담자의 경험·신념·사고를 상담자가 내담자인 것처럼 듣고 이해하는 것이다. 공감적 이해의 질을 높이는 방법에는 다음의 것들이 있다.

- 시간을 갖는다.
- 반응시간을 짧게 한다.
- 내담자에게 맞게 반응한다.

❖ **긍정적 존중**……상담자는 자신의 감정을 긍정적으로 가져야 하며 내담자에 대한 긍정적 이해·배려·온정적 태도를 보이면서 효과적으로 상담해야 한다.

❖ **일치**……상담자는 내담자와의 상담관계에서 자신의 경험이나 감정을 왜곡하지 않고 필요한 경우 그 감정을 솔직하게 표현할 수 있어야 한다.

❹ 집단상담

집단상담은 가정, 조직체, 지역사회 등의 구성원들을 대상으로 하여 집단적으로 이루어지는 상담으로 예방 및 보다 나은 정신건강의 증진과 개인의 발달을 돕기 위해 주로 이용되며 특히, 인간관계 훈련을 위한 상담의 경우에는 집단상담이 많이 이용된다.

집단상담은 개인으로 하여금 자기이해와 대인관계의 능력을 향상시키고 보다 건강하게 적응할 수 있도록 환경을 조성시켜주는 것을 일차적 목표로 하고 있다.

가즈다, 던컨 및 미도우스(Gazda, Duncan & Meadows, 1967)는 집단상담의 과정과 집단상담에서 이루어지는 것을 다음과 같이 설명하였다.

❖ 집단상담의 대상은 병리학적 수준의 환자들이라기보다 비교적 정상 범위의 적응 수준에 속하는 사람들이라는 것이다. 즉 집단상담에서 이루어지는 작업 주제는 정상적인 발달 과업의 문제나 태도와 행동의 변화이다. 또한 그러한 주제들은 내담자가 제시하여 결정하는 경우가 많다.

❖ 집단상담을 이끄는 상담자는 훈련받은 전문가이다.

❖ 집단상담이 진행될 때 서로 신뢰가 있고 받아들여진다고 느껴지는 분위기여야 한다. 한 사람 한 사람이 모두 존엄성을 가진 인간으로 존중받아야 하고, 더욱이 자신이 그렇게 느껴야만 한다. 그렇기에 무조건적인 수용이 필수적이다.

❖ 집단상담은 하나의 역동적인 대인관계의 과정이다. 집단상담은 그 안에서의 새로운 경험을 통해 문제를 해결하는 과정이다. 상호 관계를 지속적으로 경험하며, 학습 · 적응하여 바람직한 발달을 촉진한다.

집단상담을 위한 집단의 유형은 다양한 유형으로 나눌 수 있다. 치료를 목적으로 하는 집단, 과업을 마치기 위한 집단, 성장을 위한 집단, 암으로 치료받는 사람들의 집단 등 매우 다양한 목적을 가진 집단이 있다. 즉 집단은 목표, 집단원들의 관심사, 상담자의 기법과 역할, 상담주제 등에 따라 다양하게 나뉜다.

집단을 형성할 때 가장 중요한 것은 집단의 목적을 분명히 해야 한다는 것이다. 불분명한 목적을 가지고 시작하면 혼란만 지속되다가 실패하기가 쉽기 때문이다.

많은 학자들이 집단을 서로 다르게 분류했지만 야콥스, 매슨 및 하비 (Jacobs, Masson & Harvey)는 다음과 같이 분류하였다.

❖ 지지집단(support groups)

❖ 교육집단(education groups)

❖ 토론집단(discussion groups)

❖ 과업집단(task groups)

❖ 성장 & 경험집단(growth & experiential groups)

❖ 치료집단(therapy groups)

❖ 자조집단(self-help groups)

집단상담은 다음과 같은 6단계에 걸쳐서 이루어진다.

❖ 제1단계……모집. 집단의 유형, 집단의 목적, 만나는 시간과 장소, 상담자의 배경에 대한 진술, 가입비 등을 결정해야 한다.

❖ 제2단계……오리엔테이션. 주의사항과 기본적인 규칙에 대하여 설명하고, 각자의 책임에 대해서 논의한다.

❖ 제3단계……도입(시작). 집단원 상호 간 및 상담자와 신뢰감을 형성하고, 집단을 구조화 하며, 집단의 분위기를 화기애애하고 수용적으로 조성해야 한다.

❖ 제4단계……과도기. 집단원들이 상담자에게 의존하는 성향을 나타내기 시작하면 상담자는 구성원들에게 책임을 점차적으로 이양해야 한다. 책임 이양에 대하여 구성원들이 처음에는 저항하고 갈등을 느끼지만 점차적으로 집단에 대한 소속감과 매력을 느끼게 되면서 응집력이 생기기 시작한다.

❖ 제5단계……작업. 집단상담에서 가장 핵심적인 부분이다. 응집성이 강화되어 '우리'라는 느낌을 갖게 되고, 자신의 의견과 감정을 솔직하게 표출하게 된다. 행동적인 변화를 촉진하고, 집단원들의 사기를 드높이고 소속감을 갖게 한다.

❖ **제6단계⋯⋯종결.** 집단상담의 종결단계는 하나의 새로운 출발단계라
고 할 수 있다. 학습 결과를 실생활에 적용하고, 집단관계를 끝맺음
하는 마음의 준비를 한다. 집단원들 간의 연락망을 만들고 상담자와
연락할 수 있는 방법도 공유한다. 집단상담을 통해서 얻은 것을 평
가하고 지속적으로 성장할 수 있도록 서로 격려한다.

참|고|문|헌

고의석 역(2014). 성공을 위한 심리기술 훈련. 대경북스.

고흥환, 김기웅, 장국진(1994). 운동행동의 심리학. 보경문화사.

김계현(2002). 카운슬링의 실제. 학지사

김병준(2006). 운동심리학 이론과 활용. 무지개사.

김병준(2012). 강심장을 만드는 심리훈련. 엠에스미디어.

김병준, 정청희, 김영숙, 황진 외(2009). 스포츠심리학. 무지개사.

김병준, 허정훈, 문익수 역(2011). 다이내믹 스포츠운동심리학. 대한미디어.

김상두(2001). 스포츠심리학 개론. 대경북스.

김선진(2010). 운동학습과 제어. 대한미디어.

김선진(2011). 운동발달의 이해. 서울대학교.

김성옥(2003). 스포츠행동의 심리학적 기초. 태근문화사.

김성옥, 김병준, 김경원, 한명우, 송우엽 역(2004). 운동심리학. 대한미디어.

류정무, 이강헌(1990). 스포츠심리학. 대우학술총서 50. 민음사.

문익수, 김병준, 허정훈, 최영준 공역(2011). 다이내믹 스포츠운동심리학. 대한미디어.

문화관광부(2012). 국민생활체육활동참여실태조사.

박정근(1996). 스포츠심리학. 대한미디어.

이강헌, 구우영, 정구인, 정용각(2005). 운동행동과 스포츠심리학. 대한미디어.

이강헌, 김병준, 안정덕(2004). 스포츠심리검사지 핸드북. 무지개사.

이병기 외(2015). 스포츠심리학 플러스. 대경북스.

이장호(1998). 상담심리학. 서울 : 박영사.

정청희, 김병준(2009). 스포츠심리학의 이해. 도서출판 금광.

정청희, 황진 외(2009). 스포츠심리학–성격 편. 무지개사.

최영옥, 이병기, 구봉진(2002). 스포츠행동의 심리학적 이해. 대한미디어.

편집부 역(2014). 스포츠심리학. 대경북스.

한국스포츠심리학회(2005). 스포츠심리학 핸드북. 무지개사.

한국스포츠심리학회(2009). 스포츠심리상담. 무지개사

황진, 김상범, 김병준, 김영숙(2015). 스포츠심리학. 대한미디어.

Adams, J. A.(1987). Historical overview and appraisal of research on the learning, retention, and transfer of human motor skills, *Psychological Bulletin, 101,* 41-74.

Allport, F.(1924). *Social Psychology.* Boston: Houghton Mifflin.

Apter, M. J.(1984). Reversal thory and personality: A Review. *Journal of Research in Personality. 18.* 265-288.

Bandura, A.(1977). *Social Learning Theory.* Englewood Cliffs, N. Y. : Prentice-Hall.

Bandura, A.(1986). *Social Foundations of Thought and Action: A social cognitive theory.* Englewood Cliffs, NJ: Prentice-Hall, Inc.

Bandura, A.(1997). *Self-Efficacy. The Exercise of Control.* New York, NY: Freeman.

Barnard, C. I.(1938). *The Functions of the Executive.* Harvard University Press.

Bernstein. N. A.(1967). *The Coordination and Regulation of Movements.* Oxford : Pergamon Press.

Bond, C. F.(1982). Social facilitation: A self-presentational view. *Journal of Personality and Social Psychology, 42.* 1042-1050.

Bull, S. J., Albinson, J. G., & Shambrook, C. J(1996). The Mental Game Plan : Getting Psyched for Sport. *Sports Dynamics,* BN : UK.

Butcher, S. H. & Rotalla, R. J.(1987). A psychological skills educational program for closed skill performance enhancement. *The Sport Psychologist, 1.* 127-137.

Butler, R. J. et al.,(1992). The performance profiling. *Journal of Applied Sport Psychology, 5.* 48-63.

Carron, A. V.(1988). Group cohesion and individual adherence to physical activity. *Journal of Sport and Exercise Psychology, 10.* 127-138.

Carron, A. V., Brawley, L. R. & Widmeyer, W. N.(1998). The measurement of cohesiveness in sports group. In J. L. Duda(Ed.), *Advances in Sport and Exercise Measurement*(pp. 213-226). Morgatown, WV: Fitness Information Technology.

Carron, A. V., Colman, M. M. Wheeler, J. & Stevens, D.(2002). Cohesion and performance in sport: A meta analysis. *Journal of Sport and Exercise Psychology, 24.* 168-188.

Carron, A. V., Loughhead, T. M. & Bray, S. R.(2005). The home advantage in sport competitions: Courneya and Carron's(1992). *conceptual framework a decade later. Journal of Sport Sciences, 23(4)*. 395-407.

Cattell, R. B.(1965). *The Scientific Analysis of Personality.* Baltimore: Penguin.

Chaumeton, N. & Duda, J.(1988). Is it how you play the game or whether you win or lose? The effect of competitive level and situation on coaching behaviors. *Journal of Sport Behavior, 11.* 157-174.

Chelladurai, P. & Arnott, M.(1985). Decision styles in coaching: Preferences of baskball players. *Research Quarterly for Exercise and Sport, 56(1).* 15-24.

Chelladurai, P. & Saleh, S. D.(1978). Perferred leadership in sports. *Canadian Journal of Applied Sport Sciences, 3.* 85-92.

Chelladurai, P.(1980). Leadership in sports organizations. *Canadian Journal of Applied Sports Science, 5(4).* 226-231.

Coakley, J. J.(1994). Issues and Controversies. *Sprot in Society.* St Louis: C. V. Mosby.

Cottrell, N. B.(1972). Social facilitation. In C. G. McClintock(Ed.), *Experimental Social Psychology.* New York: Holt, Rinehart & Winston.

Courneya, K. S. & Carron, A. V.(1992). The home advantage in sport competitions: A literature review. *Journal of Sport & Exercise Psychology, 14.* 13-27.

Courneya, K. S. & McAuley, E.(1995). Reliability and discriminant validity of subjective norm, social support, and cohesion in an exercise setting. *Journal of Sport and Exercise Psychology, 17.* 325-337.

Cox, R. H.(1994). *Sport Psychology, Concept and Applications.* Madison, Wisconsin, Brown & Benchmark Publishers.

Csikszentmihalyi, M.(1975). *Beyond Boredom and Anxiety.* San Fransisco: Jossey-Bass.

Donnelly, P. & Young, K.(1988). The construction and confirmation of identity in sport subcultures. *Sociology of Sport Journal, 4.* 223-240.

Eastabrooks, P. A. & Carron, A. V.(2000). The physical activity group cohesion in exercise calsses. *Group Dynamics, 4.* 23-243.

Fischman, M. G.(2007). Motor learning and control foundations of kinesiology : Defining the academic core. *Quest, 59.* 67-76.

Fox, L. D., Rejeski, W. J. & Gauvin, L.(2000). Effects of leadership style and group dynamics on enjoyment of physical activity. *American Journal of Health Promotion, 14.* 277-283.

Frederick, C. M., Morrison, C. S.(1999). Collegiate coaches: an examination of motivation style and its relations to decision marking and personaliry. *J Sport Behavior, 22:* 221-233.

Friedman, H. S. & Schustack, M. W.(2003). *Personality: Classic Theories and Modern Research.* Boston: Allyn & Bacon.

Gallahue, D., Ozmun, J. & Goodway, J.(2011). *Understanding Motor Development: Infants, Children, Adoleseents, Adults.* New York: McGraw-Hill.

Gentile, A. M.(1972). A working model of skill acquisition with application to teaching. *Quest, Monograph, 17.* 3-23.

Gould, D., & Weinberg, R. S.(2003). *Foundations of Sports and Exercise Psychology.* 3rd. Champaign, IL : Human Kinetics.

Gould, D. R. & Weiss, M.(1981). The effects of model similarity and model talk on self-efficacy and muscular endurance. *Journal of Sport Psychology, 3.* 17-29.

Hanin, Y. L.(1980). *A Study of Anxiety in Sports.* In W. F. Straub(Ed.), Sport Psychology: An analysis of sport behavior. Ithaca, NY. Movement.

Hoffman, S.(2013). *Introdution to Kinesiology: Studying Physical Activity (4th Ed.).* Champaign, IL: Human Kinetics.

Holland, A. & Andre, T.(1994). Athletic participation and the social status of adolescent males and females. *Youth & Society, 25(3).* 388-407.

Hollander, E. P.(1971). *Principles and Methods of Social Psychology(2nd ed.).* New York: Oxford University Press.

Johnson, D. W. & Johnson, R. T.(1992). *Preparing Children to Live in an Interdependent World.* In A. Combs(Ed.), Cooperation: Beyond the age of competition, (pp. 193-202). Philadelphia, PA: Gordon and Breach.

Kelley, B. C. & Gill, D. L.(1993). An examination of personal.situational variables, stress appraisal, and burnout in collegiate-teacher coaches. *Research Quarterly for Exercise and Sport, 64.* 94-102.

Kim, B. J. & Gill, D. L.(1997). A cross-cultural extension of goal perspective theory to Korean youth sport. *Journal of Sport and Exercise Psychology, 19.* 142-155.

Landers, D. M. & Lueschen, G.(1974). Team performance outcome and cohesiveness of competitive coacting groups. *International Review of Sport Sociology, 2.* 57-69.

Leonard, W. M.(1980). *A Sociological Perspective of Sport.* Minneapolis, MN : Burgess Publishing Company.

Locke, E. A. & Latham, G. P.(199). *A theory of Goal Setting and Task Per-*

formance. Eaglewood Cliffs, NJ: Prentice-Hall.

Lorenz, K.(1966). *On Aggression.* New York: Harcourt, Brace & World.

Lox, C. L., Martin Ginis, K. A. & Petruzzello, S. J.(2014). *The Psychology of Exercise(4th Ed.).* Scottsdale, Arizona: Holcomb Hathaway, Publishers.

Magill, R. A.(2003). *Motor Learning and Control: Concepts and Applications (7th Ed.).* New York: McGraw-Hill.

Martens, R.(1979). About smocks and jocks. *Journal of Sport Psychology, 1.* 94-99.

Martens, R.(1987). *Coaches Guide to Sport Psychology.* Champaign, IL: Human Kinetics.

Martin, K. A. & Fox, L. D.(2001). Group and leadership effects on social anxiety experienced during and exercise class. *Journal of Applied Social Psychology, 31.* 1000-1016.

Maslow, A. H.(1968). *Toward Psychology of Being(2nd ed.).* New York: Van Bostrand.

McCullagh, P. & Weiss, M. R.(2001). Modeling: Considerations for motor skill performance and psychological responses. In R. N. Singer, H. A. Hausenblas & C. M. Janelle(Eds.), *Handbook for Sport Psychology* (pp. 205-238). New York: Wiley & Sons.

McCullagh, P. & Weiss, M. R.(2002). Observational learning: The forgotten psychological method in sprot psychology. In J. L. Van Raalte & B. W. Brewer(Eds.), *Exploring Sport and Psychology*(p. 131-149). Washington, D. C.: American Psychological Association.

McCullagh, P., Sriehl, J. & Weiss, M. R.(1990). Develomental modeling effects on qualitative and quantitative aspects of motor performance. *Research Quarterly for Exercise and Sport, 61.* 344-350.

Morgan, W. P.(1979). Prediction of performance in athletics. in P. Klavora, Y. J. V. Daniel(Eds.), *Coach Athlete, and the Sport Psychologist*(pp. 173-186). Champaign, IL: Human Kinetics.

Morgan, W. P.(1980). The trait psychology controversy. *Research Quarterly for Exercise and Sport, 51.* 50-76.

Morris, T., & Thomas, P. R.(1995). *Approaches to applied sport psychology.* In T. Morris & J. Summers(Eds.), Sport Psychology : Therapy, Applications and Current Issues(215-258). Jacaranda Wiley Ltd.

Newell, K. M.(1985). *Coordination, Control and Skill.* In D. Goodman, R. B. Willberg, & I. M. Franks(Eds.), *Differing Perspectives in Motor Learningm,*

Memory, and Control(pp. 295-317). Amsterdam: North-Holland.

Nideffer, R. M.(1976). Test of attentional and interpersonal style. *Journal of Personality and Social Psychology, 34.* 394-404.

Remington, N. A., Fabrigar, L. R. & Visser, P. S.(2000). Reexamining the circumplex model of affect. *Journal of Personality & Social Psychology, 79.* 286-300.

Russell, J. A.(1994). Is there universal recognition of emotion from facial expression? A review of the cross-cultural studies. *Psychological Bulletin, 115.* 102-141.

Sage, G.(1977). *Introduction to Motor Behavior: A Neuropsychological approach(2nd ed.).* Reading, MA: Addison-Wesley.

Sanders, G. S.(1981). Driven by distraction: and integrative review of social facilitation theory and research. *Journal of Experimental Social Psychology, 17.* 227-251.

Schmidt, R. A. & Wrisberg, C. A.(2004). *Motor Learning and Performance (3rd Ed.).* Champaign, IL: Human Kinetics.

Schmidt, R. A.(1991). *Motor Learning & Performance: From Principles to Practice.* Champaign, IL: Human Kinetics.

Selye, H.(1974). *Stress without Distress.* New York: New American Library.

Selye, H.(1956). *The Stress of Life.* McGraw-Hill, New York.

Sheldon, W. H.(1942). *The Variety of Temperament.* New York: Harper & Row.

Singer, R. N.(1980). *Motor Learning and Human Performance(3rd Ed.).* New York: McGraw-Hill.

Smith, R. E.(1980). *A cognitive-affective approach to stress management training for athletes.* In C. Nadeau, W. Halliwell, K. Newell, & G. Roberts(Eds.), Psychology of motor behavior and sport-1979(pp. 54-73). Chmpaign, IL: Human Kinetics.

Smith, R. E., Smoll, F. I. & Hunt, E. B.(1977). Training Manual for the Coaching Behavior Assessment System(CBAS). *JSAS Catalog of Selected Documents in Psychology, 7(2).*

Smith, R. E., Zane, N. W. S., Smoll, F. L. & Coppel, D. B.(1983). Behavioral assessment in youth sprots: Coaching behaviors and children's attitudes. *Medicine and Science in Sports and Exercise, 15.* 208-214.

Spoelberger, C. D.(1966). Theory and research on anxiety. In C. D. Spielberger(Ed.), *Anxiety and Behavior.* New York: Academic Press.

Steiner, I. D.(1972). *Group Process and Productivity.* New York: Academic Press.

Taylor, J.(2001). *Prime Sport: Triumph of the athlete mind.* New York: iUniverse.

Terry, P. C.(1984). The coaching preference of elite athletes competing at Universiade. *'83 Canadian Journal of Applied Sport Sciences, 9.* 201-208.

Tharp, R. G. & Gallimore, R.(1976). What a coach can teach a teacher, *Psychology Today, 9(8):* 75-78.

Thomas, J. R. & Thomas, K. T.(2009). Motor Behavior. In S. Hoffman (Ed.), *Introduction to Kinesiology : Studying physical activity (4th Ed.)* (pp. 209-235). Champaign, IL: Human Kinetics.

Triplette, N.(1898). The Dynamogenic Factors in Pacemaking and Competition. *American Journal of Psychology, 9.* 507-533.

Vealey. R. S.(2009). *Sport and Exercise Psychology.* In S. Hoffman (Ed.). *Introduction to Kinesiology : Studying Physical Activity (4th Ed.)* (pp. 237-263). Champaign. IL: Human Kinetics.

Weinberg, R. S. & Gould, D.(1995). Arousal, stress, and anxiety. In R. S. Weinberg & D. Gould(Eds.), *Foundations of Sport and Exericse Psychology*(pp. 91-113). Champaign, IL: Human Kinetics.

Weinberg, R. S. & Gould, D.(1999). *Foundations of Sport and Exercise Psychology(2nd ed.).* Champaign, IL: Human Kinetics.

Weinberg, R. S. & Gould, D.(2007). *Forundations of Sport and Exercise Psychology.* Champaign , IL: Human Kinetics.

Wills, T. A. & Shiner, O.(2000). Measuring perceived and received social supprt. In S. Cohen, L. G. Underwood & B. H. Gottlieb(Eds.), *Social support measurement and intervention(86-135).* New York: Oxford University Press.

Zajonc, R. B.(1965). Social facilitation. *Science, 149.* 269-274.

찾아보기

- 국문 -

ㅁ

ㅇ

찾아보기

- 영문 -